喪失学

「ロス後」をどう生きるか?

坂口幸弘

光文社新書

はじめに

大切なものを持っていた証

近頃、「ロス」という言葉を見聞きすることが多い。「パートナーロス」「母ロス」「父ロス」「ペットロス」といった言葉が、メディアで紹介され、特集が組まれたりしている。著名人の結婚や引退、テレビ番組の終了などでも、ファン心理を象徴する表現として用いられている。

片仮名表記でのロスという表現は目新しいが、ロス（loss）、すなわち「喪失」という体験自体は、もちろん最近の現象でも特殊なものでもない。大切な何かを失い、それを嘆き悲しむことは誰もが少なからず体験するものである。喪失の種類や反応などは、時代や文化、社会構造などによって異なるであろうが、喪失は人類にとって身近な体験であり、人生の重要な一部であったにちがいない。

人生の歩みのなかで、私たちはさまざまなものを失いながら生きている。「生者必滅《しょうじゃひつめつ》、会者定離《えしゃじょうり》」といわれるように、この世は無常であり、命あるものは必ず滅び、会った者とはいずれは別れる運命にあるというのが定めである。人生は喪失の連続であるといっても過言ではない。大切な「何か」を失うことで、深く傷つき、心を閉ざした経験がある人もいるだろう。その意味で、喪失はできれば避けたい不幸な出来事である。

しかし他方、悲痛な喪失を体験するということは、自分にとって心から大切と思える「何か」がそこに存在したことを意味している。当たり前だが、持っていないものはなくせない。かりに短い間であったとしても、そのような大切な「何か」を持ち得たことは揺るぎない事実であり、そのことは人生の大きな財産であるといえる。喪失自体は不幸な出来事ではあるけれども、喪失のある人生が必ずしも不幸であるわけではない。言い換えれば、何も失わない人生が幸せな人生とは言い切れないのではないだろうか。

とはいえ、ときに喪失は人生の一大事であり、心身に深刻な悪影響が及ぶ可能性もあるため、決して軽視することはできない。豊かな人生の歩みにおいて、喪失が避けられないのであれば、喪失を理解し、その体験と折り合いながら生きていくほかない。

そもそも喪失とはどのような体験なのであろうか？

私たちにとって不可避である喪失に直面したときに、どのように向き合えばよいのだろうか？

失うことを見据えて生きる

私たちは日々の生活のなかで、失うことよりも、人との出会いや財産など、「何か」を得ることに軸足を置いているように思える。多くを獲得することが、人生を豊かにすると信じているようにもみえる。したがって、大切な「何か」を失うことは人生にとってマイナスでしかなく、あまり考えたくないことだと感じられるかもしれない。

しかし現実には、人生において喪失はつきものであり、喪失を幾度となく経験しながら誰しも今を生きている。何かを得ることももちろん重要な目標ではあるが、いかに失うのかも生きていくうえでの大きな課題である。

また、喪失の体験を積み重ねていくなかで、私たちは多くのことを学ぶことができる。大切なものを失った経験を通して、人は成長できるともいえる。

では、大切なものを失わなければ、学ぶことや成長はできないのだろうか？

「失ってはじめて、なくしたものの大きさに気づいた」という話を耳にすることがある。失った当人は少なからぬ後悔を味わっているかもしれない。そうした他者の経験を知ることにより、私たちは自分が実際に直面しなくてもその因果関係を学び取り、対処方法を学習することができる。つまり、自分では失わずとも、他者の喪失体験から学び、成長することもできるはずである。

喪失は決して特別な体験ではなく、「明日はわが身」であり他人事《ひとごと》ではない。妻の沙知代さん（サッチー）を虚血性心不全で突然失った元プロ野球監督の野村克也氏は、新聞の取材に対して「サッチーが先に亡くなる想定はしていなかった。野球では『最悪の状況を常に想定しろ』って言ってきたのにね」と話している。失ってから後悔しないためには、ことさらに失うことを忌避するのではなく、失うということを見据えて生きることが大切である。

みずからの喪失に向き合う

現代社会は未来志向であり、過去にとらわれることは必ずしも良しとされない。そうした風潮もあって、私たちは日頃、過去の喪失体験を振り返ることはあまりない。しかし、過去のさまざまな体験が自身の血肉となり、今の自分を形作ってきたことは間違いない。年齢を重ねるにつれ、喪失の経験は蓄積され、それを礎に先の人生を歩んでいく。特に大きな喪失体験は、意識しようがしまいが現在の自分の生き方に深く影響を与えていることであろう。あなたは、これまでの人生で何を失い、その体験からあなたの何が変わっただろうか？今現在、あなたがまだ失っていないもの、絶対に失いたくないものは何だろうか？

本書の最後で、自分の喪失を振り返るワークを提案している。

私たちは自分のことをわかっているようで、実はあまりわかっていないかもしれない。みずからの過去の喪失体験を振り返ることを通じて、今の自分の価値観や生き方を再確認することができるであろう。人生の節目や自分の歩むべき道に迷ったときなどに、少し時間をとって振り返ってみるのも有意義である。過去の経験が今の自分に勇気を与え、生きる力を取り戻すきっかけにもなるかもしれない。

過去の喪失を糧《かて》にいかに生き、これからの喪失にどのように向き合うかが、私たち一人ひとりに問われている。その答えを求めることが、人間としての深みをもたらし、心豊かな人生につながっていくのではないか。本書がその一助となれば幸いである。

目次

目　次

序章　人生は失うことばかり

生まれるとともに失う

人は生まれながらに、喪失を経験する。生まれてきた赤ん坊は、母親の子宮という守られた空間に別れを告げ、産道を通りぬけ、そして産声を上げる。覚えてはいないだろうが、二度と戻ることのない母胎との別れは、私たちにとって最初の喪失体験といえる。

生が始まるということは、死までの時間を失っていくことでもある。どれだけの時間が与えられているのかは人によって異なるが、誰にとっても等しく時間は過ぎていく。その時間の流れのなかで、私たちはさまざまなものを獲得し、一方で失っていく。生きていくことは、何かを失っていくことでもある。そして時が経ち、みずからの命を失うという人生で最後の喪失体験をすべての人が経験することになるのである。

生まれてから、いつ、何を、どのように失うのかは人それぞれ大きく異なる。幼少期から多くの重大な喪失を経験する人もいれば、そうでない人もいる。体験の数だけでなく、経験した喪失の重大性や衝撃の程度も、人によって違うであろう。

何十年、何百年に一度の災害に遭遇し、不幸にして大切な家族や住み慣れた家、財産や思い出を突然に奪われることもある。みずからが事件や事故の被害者になることもあれば、家族が巻き込まれることもあるかもしれない。予想もしない出来事によって大切なものを失うことは、誰の身にも起こりうることである。

国外に目を向ければ、世界各地で紛争や事件が発生し、多くの人が犠牲となり、幼い子どもの命も奪われている。紛争や人権侵害などから自分や家族の命を守るために、住み慣れた国や故郷を離れざるを得なかった難民も増えており、深刻な国際問題となっている。

誰もが人生において喪失と無縁ではいられない。軽微なものを含めれば、生まれてから死を迎えるまでに、数え切れぬほどの喪失をくり返し経験するだろう。子どもから大人へと成長するということは、さまざまな喪失を経験することでもある。

死別

人生における深刻な喪失体験の一つは、大切な人との死別である。自分が長生きすればするほど、多くの死別を経験することになる。年を重ねていくなかで、必ずしも年齢順ではないが、祖父母を亡くし、親を亡くし、きょうだいを亡くし、配偶者を亡くしていく。親しかった友人たちも一人また一人と旅立っていく。長命となれば、子どものほうが先に亡くなることもありうる。

配偶者がいれば、いつかは一方が先立ち、一方が後に残されることは避けられない。数年前、ブラジル南部の港町で、65年間連れ添った80代の老夫婦が、ほぼ同時刻に亡くなったとのニュースがあった。二人は同じ病院の隣同士のベッドで闘病生活を送っていて、夫が息を引き取ると、妻も昏睡状態に陥り、約40分後に、妻は夫と手をつないだまま息を引き取ったという。このようなケースは現実にはきわめて稀であり、だからこそ世界的に報じられたのである。

配偶者に先立たれる割合は、平均寿命が女性のほうが長いことと、夫のほうが年長者の夫婦が多いことから、全体的に女性のほうが高い。平成27（２０１５）年の国勢調査人口等基本集計の結果によると、その割合は、45歳以下では男女とも１％未満であるが、60代後半から増加傾向が強くなる。75歳以上人口でみると、女性の58％、男性の17％がすでに配偶者との死別を経験しているのである。

現在の日本は、多くの人が亡くなる「多死社会」を迎えつつある。厚生労働省の人口動態統計によると、年間死亡者数は２００３年に１００万人を超え、２０１７年は前年より３万人以上多い１３４万０３９７人で戦後最多を更新した。１日に約３６７２人、１時間あたり約１５３人、約23・５秒に１人が亡くなっている計算である。国立社会保障・人口問題研究所は、平成27年の国勢調査の結果をもとに、日本の将来推計人口を提示している。それによると、２０２４年には年間死亡者数は１５０万人を超え、２０３９年及び２０４０年に１６７万９０００人でピークを迎えると予測されている。

「多死社会」においては、亡き人の傍らで、その死を嘆き悲しむ人たちも多く存在することになる。すなわち多死社会は、「多死別社会」でもある。死別を経験するのは遺族ばかりではない。「遺族」とは「死者の後にのこった家族・親族」(『広辞苑』第七版)を意味する言葉である。いわゆる遺族ではなくとも、亡き人と時間をともに過ごした友人や知人、恋人なども その死を悼み、深い悲しみに暮れる。死別とは、死によって大切な人を亡くすという喪失体験であり、遺族のみが経験するわけではない。死別は決して特殊な出来事ではなく、誰もが当事者になりうる体験なのである。

ペットの死

子どもにとっての初めての重大な喪失体験は、ペットの死であるかもしれない。

最近では、犬猫を中心とするペットはもはや「家族の一員」と呼ばれるほど、多くの人々にとって欠くことのできない存在となっている。一般社団法人ペットフード協会の平成30年全国犬猫飼育実態調査によると、２０１８年10月現在、わが国の20〜70代の犬の飼育世帯率は12・64%、飼育頭数は約８９０万３０００頭、猫の飼育世帯率は9・78%、飼育頭数は約９６４万９０００頭と推計されている。猫の飼育頭数は横ばいであるが、犬の飼育頭数は減少傾向にある。一方で、世帯あたりのペット関連費（ペットフード代や医療費など）は増加しており、ペットは愛情もお金もかけて大切に飼われている。

家庭内飼育動物を表す用語として、これまで「ペット（愛玩動物）」が主に使用されてきたが、近年では欧米を中心に、「コンパニオン・アニマル（伴侶動物）」と呼ばれるようになってきている。飼い主の所有物、従属物としての意味合いの強いペットという表現に対して、コンパニオン・アニマルには、対等な関係性、人生をともに生きる伴侶という意味が包含されており、飼い主と家庭内飼育動物の密接な心理的距離を表している。愛情もお金もかけて家庭内で飼われている動物は、多くの人にとって家族と同様、なくてはならない大切な存在となっている。

犬猫の平均寿命は14、15歳といわれており、やがて否応なしにその死に直面することになる。人間と動物との関係性が深まるなか、家庭内飼育動物の死、いわゆる「ペットロス」はその飼い主たちにとって強い衝撃であり、深い悲しみをもたらすことになる。子どもにとっては、身近な動物の死に接することは「死」を学ぶための得がたい経験であるともいえる。

離婚

離婚による婚姻関係の解消も重大な喪失体験の一つである。そして親の離婚は、子どもにとっては実母・実父との離別でもある。離婚や離別の場合、死別とは異なり、相手が生存しているため、関係修復の希望を完全に捨て去ることができず、喪失という現実を受け入れることが困難となる場合もある。

厚生労働省の人口動態統計によると、２０１７年の離婚件数は21万２２６２組であり、件数自体は婚姻件数とともに減りつつあるものの、有配偶者の離婚率でみると高水準を維持している。２０１７年の婚姻件数が60万６８６６組であることと比べても、21万組以上が離婚している現状は、離婚が一部の人のみが経験する特別な体験ではないことを表している。

わが国での離婚は、社会全体の結婚観や離婚観の変化を背景に、１９９０年代後半から急速に増加した。一度の離婚歴のことを「バツイチ」と呼ぶようになるなど、離婚へのタブー視や抵抗感が弱まり、社会のなかで離婚が以前よりも受け入れられやすくなってきたといわれている。近年では、結婚後も働く女性の増加や、離婚時の厚生年金の分割制度の導入などにより、離婚にともなう女性側の経済的不安も低減されつつある。

離婚は、結婚生活に入ってから同居をやめたときまでの期間が短い夫婦で起こりやすい。厚生労働省の2016年の統計では、離婚件数の約半数が結婚生活に入ってから10年未満の夫婦であったが、長年連れ添った夫婦においても決して他人事ではない。同居期間が20年以上の中年期以降の夫婦での離婚、いわゆる「熟年離婚」は1990年代以降増加したあと、2000年代半ばに少し減少したものの、そのあとは高止まりが続いている。離婚件数全体に占める熟年離婚の割合は、2016年は18・5%であり、1980年の7・7%に比べ2・4倍になっている。

熟年離婚の場合、妻側からの申し出によるケースが大半であるとされる。明治安田総合研究所による2018年の調査では、子どもがいて夫婦とも正社員で働く40〜64歳の既婚女性の41・7%が今も離婚を考えているという。「もう一度結婚するとすれば」との質問に対して、結婚後20年前後の中高年夫婦の夫の7割以上が「今の妻と」と答えたのに対して、「今の夫と」と回答した妻は半数に満たなかったとの調査報告もある（柏木, 2003）。中年期以降の夫婦では夫の知らぬうちに、妻側の不満が蓄積された状態にある離婚予備軍が少なくないかもしれない。

失恋

私が日頃接している大学生にとっては、死別や離婚よりも、失恋が身近な関心事であることが多い。恋愛は人生を彩る一側面である一方、恋が成就しないこと、すなわち「失恋」は深刻な喪失体験となりうる。周囲からすればたかが失恋であったとしても、本人は計り知れない衝撃を受けていることがある。失恋が原因となって、うつ病やパニック障害、自律神経失調症などに発展する可能性もある。私のゼミの学生が実施した卒業研究では、失恋経験のある大学生の半数以上が、精神的な落ちこみ、悲しみ、無気力、自責感などを経験し、回答者の５人に１人には、食欲不振や不眠などの身体症状もみられた。

失恋は二つの形態に分類することができる。一方は、親密な関係が一定期間継続したのちに、その関係が崩壊もしくは解消した失恋であり、いわゆる「両思いからの失恋」である。もう一方は、相手に対する好意を持ちながら、あるいは、相手との交際意思を持ちながら、親密な関係が形成されずに終結した失恋であり、いわゆる「片思いからの失恋」である。

別れの主導権については女性が握っている場合が多く、男性に比べて、女性のほうが最終的に別れを決めたり、別れを切り出したりする割合が高いとの研究報告もある。女性が自分の意思で別れを望んで決断する傾向があるのに対し、男性は相手が別れを望んだことで失恋に至る場合が多いようである。ちなみに、失恋の時期として3月が最も多いといわれる。3月は、卒業や進級・進学、就職や転勤など、生活環境が大きく変わる節目の時期であり、恋愛関係の解消も決断されやすいのであろう。

恋愛の行き着く先はほとんどの場合、結婚か別離であり、圧倒的に別離のほうが多い。恋多き人生は羨望の的であるかもしれないが、別れの多い人生であるともいえる。

身体の一部分や機能を失う

人生の途上で、視力や聴力を失ったり、運動麻痺が生じたり、あるいは身体の一部分を失うなどの障害を負うこともある。ある年齢まで成長した段階で、何らかの原因によって生じた障害は、生得的な障害である先天的障害に対して、後天的障害あるいは「中途障害」とよばれる。後天的に視覚に問題が生じた場合は中途視覚障害とよばれ、聴覚に関しては、音声言語を獲得する前の失聴者である聾唖者に対し、音声言語獲得後に聴力を失った人は中途失聴者、聴力が下がった人は中途難聴者とよばれている。厚生労働省の「平成18年身体障害児・者実態調査」によると、在宅の身体障害者（18歳以上）のうち、視覚障害、聴覚・言語障害、肢体不自由のいずれも半数以上が18歳以降に生じている。

中途障害の代表的な病態として、脊髄損傷がある。国内の脊髄損傷の患者数は10万人以上とされ、毎年約5000人の患者が新たに発生しているといわれている。脳と末梢神経をつなぐ重要な神経の束である脊髄が傷つけられる脊髄損傷によって、運動麻痺と知覚麻痺、自律神経障害が生じることになる。脊髄などの中枢神経系は一度損傷すると修復されたり再生されたりすることはなく、残された機能の強化を図るほかない。iPS細胞を用いた脊髄再生治療の実用化が期待されているが、現時点では実現には至っていない。脊髄損傷は外傷性の場合が最も多く、その受傷原因は交通事故や高所からの転落、転倒、スポーツなどであり、若年層ではスポーツや交通事故の割合が高く、年齢の上昇とともに転落や起立歩行時の転倒の割合が高くなる。

ある日突然、交通事故や転倒によって障害を負うことは誰にでも起こりうることである。中途障害の発生時期としては中高年が多く、糖尿病や閉塞性動脈硬化症などによる循環障害によって、四肢の切断に至る場合もある。

先天的障害では家族の心理的問題が大きいが、中途障害の場合、本人の心理的問題、いわゆる「障害受容」が重要になる。中途障害によって、それまでに努力して獲得してきたものや、描いていた未来への希望を奪われることは、生きる意味をも見失いかねない、人生で最も劇的で過酷な喪失体験の一つである。

失業

仕事を失うことは重大な喪失体験であり、人生の大きな転機であるといえる。

非正規雇用の労働者が年々増加するなか、有期雇用の従業員の契約を更新せずに契約期間満了をもって契約を終了する雇い止めが社会問題となっている。雇い止め自体は必ずしも違法ではないが、無期労働契約への転換のルールを定めた2013年の労働契約法の改正によって、雇用調整が難しくなるなどといった企業側の懸念から、無期雇用への転換を避けることのみを目的とした雇い止めの事例も散見される。

また正規雇用労働者にとっても、会社の業績不振や事業の見直しなどの理由から余剰人員の削減、いわゆるリストラの憂き目に遭うことは決して稀ではない。正社員として採用したなら定年まで雇用し続ける日本独自の慣習ともいえる終身雇用制度は崩壊しつつあり、大手企業においても退職勧奨や早期退職の募集が実施されている。仕事を失うことは雇用形態や年代を問わず、雇用されて働く者にとって不可避のリスクであり、そのリスクが以前よりも高まっているといえるだろう。

長きにわたって従事してきた仕事であっても、多くの人にはやがて定年退職や引退によって、仕事から離れるときがおとずれる。団塊の世代が60歳に到達した２００７年や65歳に到達した２０１２年は、大量の定年退職者の発生による労働力減少や技術の継承などへの懸念から、「２００７年問題」「２０１２年問題」とよばれて注目された。一定の年齢に達したときに労働契約が終了する定年退職制度は、設置が法的に義務づけられた制度ではないものの、多くの企業で採用されている。定年を設ける場合の年齢は60歳を下回ることができないと「高年齢者等の雇用の安定等に関する法律」で定められているため、日本ではこれまで60歳での定年が主流であったが、２０１３年の改正法の施行によって、企業は定年年齢の引き上げ、定年制度の廃止、継続雇用制度のいずれかの措置を講じ、希望者全員を65歳まで雇用する義務を負うことになっている。

実際には、65歳を超えても働き続ける人や働くことを希望する人も少なくはない。平成27年の国勢調査によると、就業者と求職中の完全失業者を合わせた労働力人口の割合は、男性では60歳で89％、65歳で65％であり、70歳で42％、75歳で26％であった。退職者は加齢とともに増加し、60歳から70歳までのあいだに相当の数の男性が退職しているのが現状である。

介護によって失う

平成27（２０１５）年の国勢調査によれば、わが国の65歳以上人口は３３４６万５４４１人で、総人口に占める割合は26・６％に上り、すでに４人に１人が高齢者である。今後も高齢化率は上昇を続け、２０３６年には３人に１人、２０６５年には２・６人に１人が高齢者になるという。このような超高齢社会において、高齢家族の介護負担は多くの人が直面する最も身近で深刻な問題である。未婚者の増加や出生数の減少により、年老いた親を一人で介護するケースや、夫婦が同時にそれぞれの親を介護するケースが今後ますます増加すると考えられる。

最近では、家族の介護のために離職や転職を余儀なくされる「介護離職」が社会問題化している。総務省の平成29年就業構造基本調査によると、過去1年間（２０１６年10月〜２０１７年９月）に「介護・看護のため」に前職を離職した者は9万９０００人で、このうち女性が約８割を占めている。２０１２年の調査から人数はほぼ横ばいであり、毎年、約10万人もの人が介護を理由として職場を去っているのである。

離職や転職に限らず、家族の介護にともない、家族介護者はさまざまな喪失を経験することになる。要介護者の病状の悪化や日常生活動作の低下、昼夜逆転などによる介護量の増大や長期化によって、介護者の疲労は蓄積し、みずからの身体的および精神的な健康が失われかねない。また、医療や介護にかかる費用や、仕事量の調整による収入減などの経済的な喪失も起こりうる。介護が長期化するなかで、介護者の家庭生活に支障が生じ、他の家族成員との間に葛藤が生まれるなど、これまでの安定した家庭生活が失われることもあるだろう。さらに介護が生活の中心となることで友人や近隣との交流の機会が失われ、社会と隔絶されてしまう懸念もある。

がんになって失う

人生で避けることのできない苦悩として「生老病死」という言葉があるが、生まれること、老いること、死ぬことと同じく、何らかの病気になって健康を失い、苦しみを抱えることも重大な問題である。特に「がん」は、１９８１年以来日本人の死因の第一位となり、２０１7年には37万人以上ががんで死亡しており、日本人の「国民病」ともいえる。

国立がん研究センターのがん情報サービスによると、一生のうちに「がん」に罹患する（「がん」と診断される）確率、いわゆる「がんの生涯累積罹患リスク」は、２０１３年データに基づくと、男性62％、女性46％であるとされる。罹患数の多い部位は、男性では胃、肺、大腸、前立腺、肝臓であり、女性では乳房、大腸、胃、肺、子宮であった。がん罹患率は、男女とも50代頃から上昇し、高齢になるほど高い。30代後半から40代では女性が男性よりやや高く、60代以降は男性が女性より顕著に高い。現在60歳の人が20年後までにがんと診断される確率は、男性で38％、女性で21％である。２０１８年のがん統計予測では、罹患数は１０１万３６００人とされている。身近な病気であるとはいえ、「がん」と診断されたときの衝撃は大きく、たとえば国立がん研究センターなどによる多目的コホート研究では、新たな診断から1年以内の自殺リスクは、一般の人に比べ、23・9倍高いことが報告されている(Yamauchi et al., 2014)。

がんの治療にともない、重大な喪失を経験することがある。たとえば乳がんの場合には、乳房を失うことがある。乳がんの主な治療には外科療法、化学療法、放射線療法、ホルモン療法があり、外科療法において近年では乳房温存術が増加しているものの、腫瘍の大きさや病期によっては乳房切除術が行われる。乳房は古くから女性のシンボルとして捉えられており、乳房を切除した女性は、みずからの女性性や母性のアイデンティティが歪んでしまうような苦悩を体験するという。がん専門看護師の近藤まゆみ氏は著書のなかで、ある50代前半の女性の事例を紹介している。その女性は、抗がん剤の効果があり、乳房を温存する治療を受けることができたが、その後の病理検査では手術で取り除いた組織の切断面からがん細胞が発見されたために乳房の切除が必要となり、本当は手術を受けたくなかったけれど、「手術しないと死んでしまう」と自分に一生懸命言い聞かせて手術を受けたという。術後の面談では、まだ創部を直視できず、「すごく醜い状態になってしまった」と涙を流しながら何度も話したとのことである。「夫とは退院後、乳房について一度も話したことはなく、その話題にならないように意識している」「自分は他の人と違う人間になったような感じがして、人と会いたくないから外出を控えている」といった語りは、女性にとって乳房を失うことの深刻さを示している。

乳がん以外でも、「がん」の部位によっては、治療において重大な喪失をともなう。口腔・咽頭・喉頭がんでは、罹患患者のおよそ10人に1人が喉頭摘出術により声を失っているとされる。また、直腸がんや結腸がんなどが原因となって、肛門を切除してストーマ造設を行い、自然な排泄機能を失う患者もいる。抗がん剤による治療の副作用として、頭髪の喪失も生じる。

老化

老化も、命ある限り、誰もがいずれ直面する喪失体験である。もちろん高齢になっても、失うばかりではない。経験を通じて高度に発達した知識やスキル、いわゆる「年の功」は中年期以降に獲得される可能性があり、老年期には人生を歩んでいくための知恵が認められるという。とはいえ、加齢とともに感覚機能や記憶機能、運動機能は徐々に低下し、個人差はあるものの、若い頃にあった能力の水準は減退していく。

視覚でいえば、「老眼」は誰にもおとずれる老化現象の一つである。早い人では40歳頃から始まり、水晶体の弾力性の低下にともなって遠近の焦点距離を調整する力が弱まり、近くの物体にピントを合わせにくくなる。聴覚についても、年をとるにつれて耳が遠くなり、50歳以上になると高音域に対する聴力の低下が顕著にみられるとされている。

年齢とともに、物覚えが悪くなった、人の名前が出にくくなったなど、記憶能力の低下を感じ、将来認知症になるのではと懸念する高齢者も少なくない。自分がいつ、どこで何をしたのかという個人的な生活や社会的な出来事など新しい物事の記憶、いわゆるエピソード記憶の獲得と再生は、老化により妨げられやすくなるという。一方で、知識や物の名前などに関する記憶である意味記憶や、身体で覚えた技術や技能である手続き記憶は加齢の影響を受けにくいとされている。

運動機能のピークは20代ともいわれる。運動機能の低下は、運動習慣によって個人差が大きいが、筋力や柔軟性、平衡性、瞬発力、敏捷性など種々の運動機能のいずれにおいても20代以降、加齢とともに低下することが示されている。

こうした感覚・記憶・運動などの機能低下に加え、しわやたるみ、白髪や薄毛などの身体的な変化、退職や死別などのライフイベントを通じて、老いの自覚が促される。自分自身の老いを自覚することは「老性自覚」とよばれている。老性自覚を持ち始める年齢はさまざまであり、自分はまだ若いと感じている中高年者も多いが、老化による衰えから逃げ切ることはできない。

最後は自分の死

私たちが人生において経験する最後の喪失体験は、自分自身の死である。「人間の死亡率は100％である」といわれるように、この世に生を享けた者は一人の例外もなく、やがて死を迎える。江戸時代の曹洞宗の僧侶で、歌人の良寛和尚の作とされ、特攻隊員の遺書にもみられる「散る桜　残る桜も　散る桜」という句は、誰もが等しく死を迎える運命であることを詠んでいる。与えられた生の時間の長さや、そのなかで経験する喪失の種類および多寡は人によって異なるが、死はすべての人に共通する喪失体験である。

しかしながら、みずからの死は、誰にとっても初めての体験であり、実際に死を経験した先人の話を聞くこともできない。それゆえ死に対する不安や恐怖は根深いものがあり、死を考えること自体、忌避されがちである。

厚生労働省の２０１７年の簡易生命表によると、日本人の平均寿命は男性81・09歳、女性87・26歳となり、いずれも過去最高を更新している。国立社会保障・人口問題研究所の将来推計人口では、２０６５年には男性84・95歳、女性91・35歳にまで延びると想定されており、今や人生80～90年の時代に入ったといえる。平均寿命とは現時点の０歳児の平均余命を示したものであるが、たとえば40歳の平均余命は男性で42・05年、女性で47・90年、60歳の男性で23・72年、女性で28・97年である。平均でみると、40歳を過ぎたあたりで人生の折り返し点を迎え、還暦後も20数年の時間が残されている。

統計を取り始めた１９４７年の平均寿命が男性50・06歳、女性53・96歳であったことを考えると、数字上は昔に比べて死が遠ざかったともいえるが、平均余命は決して約束された年

月ではない。平均よりもずっと早く、自分の眼前に死が現れるかもしれない。死は人生の道のりの先にあるのではなく、常に私たちとともにあるのである。

失うことは避けられない

ここまでみてきた重大な喪失は、誰もが必ず経験する、あるいはその可能性のある喪失である。もちろんこれらが私たちの直面する喪失のすべてではなく、大なり小なり、さまざまな喪失を実際には経験することになる。失うことばかり考えることは、気分を重くさせるかもしれないが、これが現実である。みずからのこれまでの人生を見渡せば、いたるところで大切な何かを失い、これからも失うであろうことに気づかされる。そして、喪失の悲劇に見舞われ、絶望の底に落とされようとも、命ある限り、その先を生きてゆかねばならない。

東日本大震災以降、「減災」という考え方が広まり、定着しつつある。大規模自然災害において被害を完全に防ぐことは不可能であるため、被害を出さないことを目指す「防災」には限界がある。それに対して、減災とは発生が予想される被害を想定し、その被害を最小限にすることを目的とするものである。喪失も同様に、人生において、老いや死をはじめ重大な出来事を完全に避けることはできないため、本書はどうすれば喪失を経験しないですむの

かについて考えることを目的とはしていない。

政府の地震調査委員会による最新の発表によると、２０１９年2月現在、南海トラフでは30年以内に70~80%の確率で巨大地震が起きると予測され、市民の防災意識も高まりつつあるが、中年期以降の人であれば、これよりもっと高い確率で何らかの重大な喪失に一度ならず直面することになるであろう。

私たちは喪失とともに生きていくほかない。この前提のもと、本書では、そもそも喪失とは何かを理解し、想定される喪失とどのように向き合っていくべきかについて考えていく。

第1章　喪失とは何か

いつでも遭遇しうる

喪失（loss）とは、平たくいえば失うこと、なくすことである。たとえばメモをなくしたり、飲みかけのジュースをこぼしたりといった些細な喪失は日常茶飯事である。本書で扱う喪失は、そうした日常の小さな喪失体験ではなく、心身に大きく影響する可能性のある重要な喪失である。米国の社会心理学者のジョン・H・ハーヴェイは、「重大な喪失」とは、人が生活のなかで感情的に投資している何かを失うことであると定義している。この定義では、感情的投資という言葉が鍵であり、失われた対象が、個人的に思い入れのある何かであることが強調されている。

精神分析学の領域では、愛する人の死や親離れ・子離れなど、愛着および依存、あるいは自己愛の対象を失う体験は、「対象喪失」と呼ばれる。そして、対象喪失において失われるものは、意識的あるいは無意識的に自分にとって大切なもの、慣れ親しんだものとして心に取り込んでいるもの、自分の一部のように思っているものであるとされる。

このように学術的にみれば、喪失とはみずからの生活や人生にとって大切と思う何かを失うことであり、それが本人にとって重大な意味を持つ体験であると捉えることができる。す

なわち喪失体験は、主観的で、個別性の高い体験だといえる。客観的には同じものの喪失であったとしても、その受けとめ方は人によってさまざまである。直面した喪失を過大に捉える人もいれば、過小に捉える人もおり、その出来事が及ぼす影響も人によって大きく異なる。喪失がどのくらい重大であるかは、当事者本人の主観的な評価に委ねられているのだ。したがって、喪失の種類や状況などの客観的な情報のみでは、その衝撃の大きさを誤って見積もりかねない。周囲の人が想像している以上に、本人は大きな苦痛を抱えているかもしれない。

みずからが深く心を寄せる対象を失う重大な喪失は、ライフサイクルのさまざまな局面で生じる。それらは、必ずしも悪い出来事や変化において経験されるとは限らない。結婚や子どもの誕生、進学、昇進、困難な目標の達成など、良い出来事や変化にも必然的に喪失はともなう。傍目には喜びや満足感にあふれているようにみえても、本人はこれまでの環境や役割、夢や目標を失い、戸惑いつつも失望や空しさを感じているかもしれない。新たな道を歩み始めることは、それまでに持っていた何かを手放すことでもある。晴れやかな出来事の陰で、本人も周囲も意識しないままに何かを失っている可能性もある。喪失はどんな局面でも遭遇しうるまさに身近な体験なのである。

私たちは何を失うのか

では私たちは人生のなかで、いったい何を失ってきたのだろうか。あるいはこれから何を失うのであろうか。喪失体験は、失われた対象によって大きく、(1)「人物」の喪失、(2)「所有物」の喪失、(3)「環境」の喪失、(4)「身体の一部分」の喪失、(5)「目標や自己イメージ」の喪失の5つに分類される。

「人物」の喪失には、家族など大切な人との死別、離婚、失恋、親友との不和、親離れおよび子離れ、友人や先輩・後輩、先生、同僚、隣人との別離などが含まれる。また、著名人やスポーツ選手の引退および退団も、ファンにとって大きな喪失体験となりうる。たとえば近年では、歌手の安室奈美恵さんの引退がNHKのニュース速報で流されるほど大きな話題となり、ファンの受けた衝撃と悲嘆が連日報じられていた。

私が勤務する大学の最寄り駅から数駅先に宝塚大劇場があるが、宝塚歌劇ファンにとって、自分の好きなタカラジェンヌ、いわゆる「贔屓ジェンヌ」の退団はショッキングな出来事であるという。退団すると再び宝塚の舞台に立つことはなく、特に男役の場合は二度と異性を演じる姿を見ることができなくなってしまうため、ファンの喪失感は大きい。退団発表の日から涙が止まらない、退団後もふいに悲しくなり涙が出る、再び宝塚の舞台を観劇するのに何年もかかった、思い出が多すぎて劇場や最寄り駅には近づけないなどの悲嘆や喪失感をいだくファンも少なくないそうである。

大切にしていた物の紛失や損壊、ペットの死、財産や地位を失うことが「所有物」の喪失である。すぐに代わりを見いだせるようなものであれば、一時的な衝撃があったとしても、重大な喪失とはいえない。本人にとって、失った対象がかけがえのないものであったかどうかが重要である。子どもにとっては、お気に入りのぬいぐるみやおもちゃ、文具などを失うことも大きな喪失体験となりうる。

「環境」の喪失とは、進学や就職、転勤、結婚、施設入所、海外移住などに伴い、生まれ育った故郷や住んだ家、通い慣れた学舎や職場を離れること、思い出の場所を失うこと、求められる役割や生活様式が変わることなどである。たとえば高校を卒業して大学に進学し、下宿を始めることは、故郷や家、高校といったそれまでの生活環境を失うことであり、ともに暮らした家族や、一体感や連帯感を抱いていた友人、先生との別離でもある。また、これまでの生活環境のなかでうまく適応するために身につけてきた役割や生活様式も失うことになる。「老木は植えかえると枯死する」という言葉があるが、高齢者にとっては、長年住み慣れた家や土地を離れることは重大な喪失となるかもしれない。

病気や怪我による手足の切断、失明、失聴、脱毛、抜歯などは、「身体の一部分」の喪失である。老化による身体機能の低下も身体的な喪失体験の一つだ。身体は自己の存在そのものであり、それなしでは生きていくことはできない。したがって、その一部を失うことは、みずからの存在意味を揺るがす深刻な体験となる可能性もある。そして、身体的な自己の喪失の最たるものは、自分自身の死である。

「目標や自己イメージ」の喪失とは、自分の掲げた夢や目標、自信、みずからが思い描く自己イメージ、アイデンティティ、誇りや理想などを失うことである。加えて、想定した未来や希望、生きがいを失うこともここに含まれる。これらは目に見えるような形あるものではないが、生きていくための原動力であり、それを失うことは生きる意欲を失うことにもつながりうる。

これら5つに分類される喪失は、それぞれ独立して経験されるとは限らない。ある出来事によってどれか一つだけを失うのではなく、複数の喪失を経験することもある。たとえば自然災害の場合には、複数の家族を同時に失うこともあれば、家や財産などを併せて失うこともある。また、同時ではなくても、偶発的に身内が立て続けに亡くなったり、大病を患ったりなどの不幸が続くことも起こりうる。一つ一つは人生を揺るがすほどの強烈な喪失ではなかったとしても、重複する喪失は、想定される以上の深刻なダメージをもたらしかねない。

実体のないものを失う

喪失体験は５つの分類だけでなく、さまざまな視座から区分することができる。失われた対象の性質に基づき、米国の心理臨床家であるテレーズ・ランドーは、実体のあったものがもはや存在しない「物理的な喪失」と、実体のないものを失う「心理社会的な喪失」もしくは「表象的な喪失」に大きくわけている。物理的な喪失は、家や財産、身体の一部を失うなど、失われたものを客観的に把握することができるため、その事実や衝撃は他者からも認識されやすい。一方、夢や目標、自信、希望を失うといった心理社会的な喪失の場合、他者からはみえづらく、その重大性が見過ごされやすい。

たとえば、生殖心理カウンセラーの平山史朗氏は、不妊治療を受ける夫婦において、赤ちゃんができないという状態もまた、喪失体験にほかならないと指摘している。高額の治療費という経済的な損失だけでなく、治療がうまくいかないたびに、まだ見ぬわが子を失い、「今度こそ」との期待は失望に終わる。そうしたプロセスが何度もくり返されると、そのたびに悲しんでもいられなくなるという。女性にとっては母親としてのアイデンティティや、「家」のなかでの嫁の地位も失われていくかもしれない。こうした複雑で、先の見えない心理社会的な喪失による精神的な疲弊は、周囲の人が想像する以上のものであろう。

わが国の喪失研究の第一人者である精神科医の小此木啓吾氏は、喪失体験を「外的対象喪失」と「内的対象喪失」に区分している。外的対象喪失とは、近親者の死や母親からの分離、転勤など、自分の心の外にある人物や環境が実際に失われる経験である。それに対して、内的対象喪失とは、夫や妻の不貞行為による幻滅など、みずからの心のなかだけで起こる経験である。外的対象喪失と内的対象喪失は、必ずしも一致せず、同時に経験されるわけではない。

『朝日新聞』朝刊Reライフ面に連載されている〈男のひといき〉に、60代男性からの次のような投書が掲載されていた（２０１８年８月５日付）。

母が13年前に亡くなり、その２年後に父が息を引き取ると、静岡県の実家に住む人がいなくなった。私は年末年始には帰省していたが、兄や姉に会う用事でもない限り帰らなくなった。何年も帰省しないこともあった。

実家は老朽化して一昨年の2月に取り壊した。解体後の光景を初めて見たのは、工事から半年たった8月のことだ。木目模様の木造2階建てが跡形もなく消えて、裏に立つ兄夫婦の白い四角い家がいきなり目に飛び込んできた。かげろうのように揺らめいている。跡地は庭の拡張や駐車場に使われていた。

私には父も母も、帰るべき家もなくなった。静岡県は彼のふるさとだが、帰るべき家がないのでは、ふるさととは思えなくなった。ふるさとがなくなってしまったようで、寂しさを覚えた。

この男性のように、生まれ育った故郷の環境の変化に、一抹の寂しさを覚えた経験のある人は多いだろう。住み慣れた実家を離れることによって経験された外的対象喪失に対して、ふるさとを失ったような感覚は内的対象喪失の一例といえる。

選択した喪失

喪失は、何らかの力によって半ば強制的に経験させせられるものばかりではない。喪失体験には、「強いられた喪失」と、「選択した喪失」がある。大切な人との死別は、強いられた喪失の代表例である。「死別」と訳される英語の bereavement の由来は、「奪い取る」「強奪する」「所有権を奪う」という意味の古英語であるという。すなわち、bereavement は、死が私たちから愛する者を強制的に奪い取るという観念に基づいている。誰かに先立たれるとき、人間は為す術を持たない。

強いられた喪失には、死別のように自分が望まないのに対象を奪われたり、無理に引き離されたりする場合だけでなく、対象である相手自身から見捨てられたり、突き放されたりする場合もある。死別の場合でも、自殺による死に直面した遺族であれば、故人から見捨てられたという複雑な思いを抱くことがある。また、みずからの過失によって対象を失わざるをえなかった（と認識している）場合には、喪失の衝撃はきわめて大きく、後悔や自責の念に長く苦しむことになるかもしれない。

一方で、選択した喪失は、思い出の品を処分したり遺品を整理したりするなど、大切なものをみずから手放すことである。積極的に選択することもあれば、おかれた状況のなかで選択せざるをえない場合もある。

強いられた喪失と選択した喪失の違いは、失恋で考えれば、相手から振られた体験と相手を振った体験の違いである。失恋という一言でいえば同じ体験であっても、相手から振られたり、第三者に相手を奪われたり、仲を引き裂かれたりした場合のほうが、自分が相手を振った場合に比べて、ショックは大きいと思われる。相手への強い思慕や、事実を受け入れたくないという否認がみられ、関係を取り戻そうとする空しい努力がくり返されることもある。他方、みずからが意図的に相手と別れた場合には、失った悲しみではなく、むしろ解放感を抱くことさえある。

しかしながら、選択した喪失にも苦悩はともなう。たとえば、人工妊娠中絶は選択した喪失の一例である。中絶を選択した人には、やむをえない事情から苦渋の決断をした人も多いだろう。近年では、新型出生前診断の拡がりもあって、難しい判断を迫られるケースが増えてきている。また、ペットロスの場合には、安楽死を含めた治療の選択にともなう罪悪感が大きな苦痛となることが指摘されている。

スポーツ選手や定年のない職種での「引退」には、引退勧告のような「強いられた喪失」の場合もあれば、みずからが決意した「選択した喪失」もある。引き際を自分で決められるというのは幸せなことではあるが、決して簡単なことではない。引退の決意に至るまでに、葛藤を抱えながら逡巡する日々を過ごした人も多いにちがいない。

福島第一原発事故による県外への自主避難者にも、選択した喪失への苦悩がある。震災からちょうど7年後の新聞記事に、40代女性の次のような投書が掲載されていた（『朝日新聞』二〇一八年三月一一日付朝刊）。

震災当時、私たち家族は福島県郡山市に住んでいた。発生から約1週間後、1歳目前の息子と4歳になったばかりの娘を連れ、北海道に避難した。夫が転職してまた一緒に住めるまで3年かかった。発生から7年、早いような長かったような感慨を覚える。
郡山市の広報をずっと送ってもらっていたが、この前、送付を停止してもらった。表紙を飾る郡山の子どもたちの笑みを見ては、避難が良かったのか悪かったのか、答えのない自問自答に陥るのが、もう嫌になったという理由もある。子どもの健康被害を懸念して避難したとはいえ、切り離してきたもろもろに対して、今でも時々、どうしようもない悲しみを覚える。

強いられた望まぬ喪失のつらさは他者に共感されやすいが、選択した喪失のつらさはわかってもらえないこともある。みずからが失うことを選択したがゆえに生じる葛藤や苦しみがあることも広く理解される必要がある。

失っても取り戻せるもの

　大切な人の死やペットの死、自分自身の死など、死は決して取り戻すことのできない喪失体験である。脊髄損傷などの中途障害においても、失われた身体の機能を取り戻すことは難しい。自分自身の死を除き、取り戻せない不可逆的な喪失に対しては、元には戻らない現実を自分なりに受けとめ、失われていないものとともに今後どのように生きていくのかが問われる。

　他方、失ったとしても再び取り戻すことができる喪失もある。たとえば親友とけんか別れをしたとしても、何かのきっかけで仲直りできるかもしれない。失恋しても、元の鞘に収まることもある。離婚後に冷却期間を経て、同じ相手と再婚することもないわけではない。

　また、失われた自信や希望も取り戻すことができる。私たちは人生のなかで、自分にとって重要な事柄での失敗、良い結果が得られない経験といった、いわゆる挫折を一度ならず経験する。学生生活においては学業や部活動での成績不振であったり、社会人では思うような仕事の成果が得られないことであったりする。こうした挫折に直面し、自分を見失い、将来について考えることができなくなってしまうこともある。しかし、少なくとも失われた自信や将来への希望は、容易ではないにしろ、取り戻せる可能性がある。

失った対象そのものを取り戻すことが難しい場合でも、それに取って代わる対象を見いだせることもある。たとえば住み慣れた故郷や家を離れても、第二の故郷とよべる居場所を見つけられるかもしれない。生きがいを失った場合には、昔とは異なる状況のなかで、新たな生きがいを獲得することもできる。

しかしながら、取り戻せる可能性があるからといって、その喪失体験の深刻さを過小に評価してはならない。失った対象を取り戻すための道のりは決して平坦ではなく、失われたままに長い年月が過ぎることもあるだろう。

予期せずに失う

人生においては、思いもかけず、重大な喪失に直面することがある。突然のリストラで仕事を失うこともあれば、不慮の事故に遭って身体の機能を失うこともある。自然災害によって家や財産をまたたく間に失うことも他人事ではない。こうした予期せぬ喪失は、予測された喪失に比べ、深刻な衝撃をもたらす可能性が高い。

夫を急性心筋梗塞で失った60代の女性の場合には、前日は一緒に外出していて、その日も数時間前まで話をしていたのに、部屋から出てこないと思って見に行くとすでに亡くなっていたという。

世界保健機関（ＷＨＯ）は、こうした「突然死」を、瞬間死（症状発現から１時間以内の死亡）、および発病後24時間以内の内因死と定義している。具体的には、急性心筋梗塞、大動脈瘤破裂、くも膜下出血、脳内出血などによる内因死が含まれる。これに加えて、不慮の事故、自殺、他殺などによる外因死も予期せぬ死として挙げられる。

これを「予期せぬ死」と捉えるならば、一定期間の闘病生活のすえに亡くなった場合は、「予期された死」に分類される。しかし、このような客観的な定義と、残された者の主観は必ずしも一致しない。ホスピスで死亡したがん患者の家族の20％は、死の１、２週間前まで死が避けられないとは思っていなかったとの研究報告もある（Houts et al., 2004）。がんなどの慢性疾患による死の場合でも、医師の説明とそれに対する家族の理解よりも早く患者が死亡した場合、「予期せぬ死」と遺族が感じることがある。

また喪失を予期することと、喪失に対する心の準備ができることとは別物である。認知症の家族を亡くした遺族を対象とした研究（Hebert et al., 2006）では、平均で３年間の介護期間があったにもかかわらず、23％は死に対する心の準備がまったくできていなかったと回答している。やがておとずれる死が予測でき、心の準備をする時間が十分にあったとしても、大切な人の死に対する心の準備は決して容易ではないことを、この結果は物語っている。
さらにいえば、みずからの死を予測し、心の準備をすることは、とりわけ難しいことなのかもしれない。宗教学者の岸本英夫氏は、客員教授として米国滞在中にがんがみつかり、10年に及ぶ闘病生活を通して死と向き合ってきた。その彼が、著書『死を見つめる心』のなかで次のように述べている。

死は、突然にやって来る。思いがけない時にやって来る。いや、むしろ、死は、突然にしかやって来ないといってもよい。いつ来ても、その当事者は、突然に来たとしか感じないのである。生きることに安心しきっている心には、死に対する用意が、なにもできていないからである。
しかも、死というものは、ひとたび来るとなると、実に、あっけなく来る。

岸本氏の実体験に基づく生々しい言葉は、突如として眼前に現れる死の現実を、私たちに鋭く突きつけてくるように感じられる。

気づかずに失う

　重大な喪失はライフイベントの一つとして大きな転機になることがある一方、人生のなかで意識されぬままに、少しずつ失われていくものもある。そもそも私たちの命は有限であり、その命を削りながら、日々の生活を営んでいる。与えられた時間を、消費しながら生きているともいえる。普段の生活で、失いゆくみずからの命と時間を意識することは少なく、命の危機に瀕してはじめて、その尊さを強く実感することになるかもしれない。

　また、若い頃に保持していた身体の機能は、個人差はあるものの、加齢とともに徐々に失われていく。機能の種類によるが、日常的に意識していなければ、その衰えにすぐには気づかないかもしれない。まだまだ若いつもりであっても、老いは進行しているものである。子どもの運動会で派手に転倒したお父さんたちは、かつての自分とは違って思うように身体が動かないことに戸惑い、結果として身体の衰えを強く感じたことであろう。

　かつて抱いていた夢や希望、情熱もいつのまにか失われているかもしれない。年を重ねるにつれ、現実に直面し、無邪気に夢や希望を語ったり、何かに打ち込んだりすることは難しくなるものである。希望は、未来に突き進むために必要な原動力であるといわれる。たとえ実現困難な夢であったとしても、それらを持つこと自体が大切である。人生には避けられない喪失もあるが、失われつつある夢や希望は、自分次第で取り戻すことができるであろう。

失うのは一つだけではない

喪失の5分類のところでも述べたが、人生で遭遇する出来事の性質や状況によっては、一つの喪失にとどまらず、波及的に複数の喪失をともなうこともある。最初の喪失と同時に起こるか、もしくはその結果として生じる物質的または心理社会的な喪失は、「副次的な喪失」とよばれる。

たとえば事故や病気によって身体の一部や機能を失ったために、将来の夢を断念せざるをえなかった人もいるだろう。失業の場合には、結果として、収入だけでなく自尊心や夢、仕事仲間なども同時に失いかねない。職業上の役割を期待され、それに応えようとしてきた人にとって、職を失うことはみずからの存在意味を支えてきた拠り所を失うことにもなる。また、路上生活者やネットカフェ難民といったホームレスになることは、単に住み慣れた家屋や家財を失うだけではなく、過去の人間関係を断ち切ることでもある。そして、家や仕事がないこと、ホームレスであることは、当人の自信や尊厳を奪い、生きる希望を喪失させかねない。

死別の場合では、主たる喪失とは愛する者の死そのものであるが、一家の中心的な稼ぎ手であった大黒柱の死は収入源の喪失でもあり、経済的な問題が生じてくる。特に夫を失い、子育て中の専業主婦にとって経済的な不安は深刻である。加えて、収入を得るために新たに職に就くことや、故人の仕事を引き継ぐことが、さらなるストレスを生むこともある。故人が家族の輪の中心として機能していた場合、良好であった家族関係が失われることもある。このような一つの喪失を端緒とした重なり合う喪失によって、精神的な苦悩は深まり、長期化するかもしれない。

一人息子や一人娘の死は、親としてのアイデンティティ・役割の喪失でもある。「私の一部を失ってしまったみたい」という言葉が遺族から聞かれることがある。特に日本人は周囲の人間関係のなかで相手に応じた自己を形成する傾向があるとされる。子どもと関わるなかで培われてきた親としてのアイデンティティは、その関係性が失われることで、崩壊の危機を迎えることになる。その結果、自分が何者であり、自分の人生が何であるかがわからなくなるかもしれない。子どもを通して交流してきた人間関係が途絶えることも多く、社会的に孤立してしまう可能性もある。

失っても消えないもの

喪失体験において、物質的な存在としては完全に失われてしまった場合でも、記憶のなかでその存在のすべてが消え去ってしまうわけではない。たとえば住み慣れた家や故郷を離れ、数十年が経ち、すでに家はなく、故郷の姿さえ一変してしまったとしても、心のなかで当時の情景がありありと思い出されるかもしれない。

死別の場合にも、故人の肉体は失われるが、残された者にとって大切な人の存在が完全に無に帰するわけではない。何か困ったことがあると、故人ならどうするだろうと考えたり、どのように生きたら故人が喜んでくれるのかと想像したりすることもある。このように故人の生き方や考え方は、残された者の人生の指針として受け継がれていく。

ここで、１９８６年に出版されたスーザン・バーレイによる『わすれられないおくりもの』（評論社）という絵本の一部を紹介したい。

もの知りで、まわりのだれからも慕われていたアナグマが、年をとって死んでしまいました。

アナグマは自分の年だと、死ぬのが、そう遠くはないことも、知っていました。

アナグマは、死ぬことをおそれてはいません。死んで、からだがなくなっても、心は残ることを、知っていたからです。だから、前のように、からだがいうことをきかなくなっても、くよくよしたりしませんでした。

モグラははさみの使い方をアナグマに教わりました。カエルはスケートを、キツネはネクタイの結び方を、ウサギはりょうりを教えてもらいました。

みんなだれにも、なにかしら、アナグマの思い出がありました。アナグマは、ひとりひとりに、別れたあとでも、たからものとなるような、ちえやくふうを残してくれたのです。

アナグマが死んで、冬が始まり、やがて春を迎えます。

アナグマが残してくれたもののゆたかさで、みんなの悲しみも、きえていました。


「人は二度死ぬ」といわれるように、肉体的な死がおとずれても、人々の記憶から失われない限り、故人は生き続けられると考えることもできる。少なくとも故人との強い絆を感じている者にとって、姿形はなくとも、故人とともに生きている。故人の写真を持ち歩き、ことあるごとに故人に語りかけたり、仏壇やお墓の前で故人と対話したりする遺族も少なくない。

遺族と故人との関係性は死によって必然的に変容するが、遺族の心のうちでの故人との絆は切れることなく保持されるのである。遺族は故人のことを忘れて、新たな人生を歩み始めるのではない。

失うことも必要

喪失体験はできれば避けたい体験ではあるものの、ときに必要とされる喪失もある。たとえば発達の過程において、現実にそぐわない古い目標や自己イメージは放棄され、代わって新たな目標や自己イメージが獲得されていく。夢を追い求める生き方を一概に否定すべきではないが、非現実的な目標に固執することは必ずしも好ましいことではない。

求められる喪失として代表的なものに、子離れが挙げられる。家族のライフサイクルにおいて、子どもが自立する時期には、子どもへの過剰な干渉をやめて、自主性を尊重することが大切である。親と子が適切に分離できることがこの時期の課題であり、この分離には大きな喪失感がともなうこともある。大学進学や就職での一人暮らし、結婚での独立をきっかけに、親としての役割を失い、生きがいも失ったように感じて、空虚感や無力感がつのり、身体的不調や抑うつ症状を呈する人もいる。このような状態は「空の巣症候群」とよばれ、子離れがうまくできていないともいえる。特に専業主婦で、夫が多忙で不在がちな中年期の女性に多いといわれている。

一方、子どもの側でも親離れが必要である。いつまでも親を頼りにするのではなく、みずからが自立していかなくてはならない。しかしながら、内閣府による２０１８年の子供・若者白書では、15歳から39歳の非労働力人口のうち、家事も通学もしていない若年無業者は約71万人に上ると報告されている。そのなかには病気や怪我などやむをえない事情を抱える人も多く含まれるが、特段の理由もなく、親のすねをかじりつづける若者も少なくない。

わが国では、子どもを中心に家族関係が維持される傾向が強く、子どもを家庭外に押し出す力が弱くなってきているとの指摘がある。住宅事情や経済的状況が許せば、結婚や独り立ちすることを強くは望まずに、本人の意思に任せる親も多い。親離れを促すためにも、まずは親が子離れする必要がある。子離れや親離れは健全なプロセスであり、一定の苦痛はともなうとしても、家族のライフサイクルで求められる喪失体験であるといえる。

公認されない悲嘆

ときに喪失の重大さに対する本人の主観的評価と、他者の認識が大きく食い違う場合がある。本人が重大な喪失と受けとめ、精神的苦痛を抱えているにもかかわらず、その深刻さが周囲からは理解されない、あるいは喪失を経験していること自体が認識されないこともある。たとえば流産や死産は、当事者である母親にとってはきわめて大きい喪失体験であるにもかかわらず、その深刻さが社会のなかで必ずしも正当に認められていない。家族のなかでも、それぞれの思いがあって、すれ違いが起こることもある。死産を経験してまもない母親は、「退院して家に戻ると、服やおむつやベビーベッドとか、赤ちゃんのために用意していたもののすべてが何事もなかったかのように片づけられているのを見て、心が押しつぶされそうだった」と語っていた。

死産で子どもを亡くした母親を対象とした調査では、子どもから直接取った手形・足形、髪の毛、爪、写真など、子どもがたしかに生きていた証を残すことを切望していたと報告されている（太田, 2006）。すでに死者となった子どもであっても、母親にとっては「生きていた子ども」であり、生きた証を残す行為は死産を経験した母親への大切なケアの一つと考えられている。満年齢の数え方は生まれたときが0歳であるが、母親にとっては出生前から子どもは存在しており、生まれたときを1歳とする数え年のほうが母親の心情としては適切かもしれない。

このように周囲から理解されにくい喪失体験は、「公認されない悲嘆（disenfranchised grief）」とよばれる。公認されない悲嘆の場合、当事者は孤立し、サポートを得にくいため、精神的苦悩が長期化する危険性がある。他者の喪失の軽重をみずからの物差しで測るのではなく、その喪失が本人にとってどれほど重大であるのかが理解される必要がある。

ペットの死も、以前は公認されない喪失と捉えられていたが、近年ではペットロスとよばれ、その意義が認知されつつある。とはいえ、現在のところ、ペットロスへの理解が社会に広く浸透しているとはいいがたい。「たかが動物が死んだくらいで……」など、今なお周囲の人からの無理解な言動がみられることもある。

失ったかどうかはっきりしない

米国の家族療法家であるポーリン・ボスは、「あいまいな喪失（ambiguous loss）」という概念を提唱している。あいまいな喪失には二つのタイプがある。

一つは、身体的には不在であるが、心理的に存在していると認識されることにより経験される喪失である。このタイプは、水難事故や山岳遭難事故、自然災害などでの行方不明者の家族が経験するものであり、生存は絶望的だが遺体が長期間発見されないという場合が典型である。東日本大震災では、8年が経過した今でも2500人以上が行方不明のままである。また、誘拐が疑われる子どもの家族が経験している喪失もこのタイプに含まれる。

通常の死別の場合、残された者は永遠の別れが生じたことを認め、悲嘆の過程を辿ることになるが、生死不明の場合、悲嘆の過程を始めること自体が難しい。このような状況におかれた人は、不確実な状況が続くことに困惑し、無力感や、抑うつ、不安などを示しがちであり、家族のメンバー間で意見の対立が生じることもある。こうした喪失を受け入れがたいのは当然のことであり、その原因は本人や家族にあるのではなく、直面している複雑な状況のために起こっているのである。

もう一つは、身体的には存在しているが、心理的に不在であると認識されることにより経験される喪失である。このタイプには、認知症の患者や慢性の精神障害者を抱える家族が経験する喪失などが含まれる。重度の認知症患者の場合、肉体は存在しているが、あたかも人格が変わってしまったかのような言動がみられることがある。家族の顔すら覚えていないこともある。この種のあいまいな喪失は、家族にとって先のみえない大きなストレスとなりかねない。高齢社会白書（2017年）によると、認知症患者は、2012年に462万人であったのが、2025年には730万人（65歳以上の5人に1人）、2060年には115

４万人（65歳以上の３人に１人）になるとも推計されている。認知症患者の増加が見込まれるなか、あいまいな喪失に苦しむ家族も増えていくと考えられる。

福島第一原発事故による避難指示区域の住民も、後者のあいまいな喪失に直面してきたといえる。住み慣れた故郷はたしかに存在するものの、以前と同じではなく、戻ることもできないでいる。このような不安定な状況は、避難者に深刻な苦悩や葛藤を長期間にわたってもたらしている。

子どもが経験する喪失

大人と同じく、子どもも日常生活のなかでさまざまな喪失を体験する。子どもが失ったと感じるものに周囲の大人が気づいていないこともあれば、大人が想像する以上に子どもにとっては大きな喪失体験であることもある。児童精神科医の森省二氏は、子どもは人生経験が少ないために出会うものすべてが新鮮にみえ、身近な対象に強い愛着を感じやすく、飼っていた金魚が死んでしまったり、友達から仲間はずれにされたりしたときなどでも、強い寂しさや悲しさに襲われると述べている。

子どもにとっての大きな喪失体験として、曾祖父母や祖父母などの死がある。その場合、死の受けとめ方は大人とは違うかもしれない。死の概念の要素には、自分も含めて生ある者は必ず死ぬという「普遍性（もしくは不可避性）」、死んだ肉体は二度と生き返ることはないという「不可逆性」、生きているときの機能のすべてが死によって終わるという「最終性（もしくは非機能性）」が挙げられるが、幼い子どもの死の概念は未成熟で、大人のそれとは必ずしも同じではない。

2歳頃までの子どもの場合、「死」を理解できず、そもそも目に見えないことは存在しないことだと認識する。やがて「いないいないばあ」や「かくれんぼ」といった遊びを通じて、たとえ目に見えなくても人や物が存在することを学習するという。3〜5歳では、「死」は一時的なもので、死んだ人でもいつか戻ってくるかもしれないと考える傾向にある。5歳あたりを境に大人と同様に死を理解し始め、9〜10歳以上になると死の概念は成熟したものになるとされる。

ただし、子どもの死の概念の発達には、知能水準や、生命に関わる病気の体験、家族の病気や死、文化的要因が影響すると考えられている。したがって何歳になれば、大人と同様の死の概念が形成されるのかは一概にはいえない。末期がんの親の闘病から死までを経験した子どもを対象とした米国での面接調査（Christ, 2000）では、6〜8歳になると「最終性」

はすぐに理解でき、患者の生前に病状に関する説明があれば死別にうまく対処できたと報告されている。

上越教育大学名誉教授の得丸定子氏は、父親をがんで亡くした小学6年生の女児の実例を紹介している。この女児は、死の直前まで父親の病状、予後などに関する正確な情報が与えられずにいた。父親が死んだとき、彼女は周囲の大人から「だまされていた」と感じ、葬儀以降、家族とも口をきかなくなり、部屋に閉じこもり、学校にも行かなくなった。中学校に進学した後も経過は思わしくなかったという。

この事例では、事実が伝えられていなかったために、父親の死は「予期せぬ死」となってしまい、心の準備をする時間もなく、その死を受け入れることが困難になった。加えて、情報を共有されなかったことで、周囲の大人との信頼関係が損なわれ、不信感や疎外感に苦しむことになってしまった。

子どもに厳しい現実を知らせることはつらいことであるが、家族の死だけでなく、ペットの死などにおいても突如として喪失に直面させることはさらに残酷である。喪失が予想される場合には、就学前後の子どもであっても安易にごまかしたりせずに、年齢に応じた言葉で現実を偽ることなく伝え、十分にお別れができるように配慮することが大切である。

理想の喪失

誰しもいつかは経験する自身の死について考えるならば、どのように死を迎えたいだろうか。

日本ホスピス・緩和ケア研究振興財団の２０１８年度の調査では、20歳から79歳までの全国の男女１０００人に、「もし自分で死に方を決められるとしたら、あなたはどちらが理想だと思いますか」と尋ね、「ある日、心臓病などで突然死ぬ」と「病気などで徐々に弱って死ぬ」の二択で回答を求めた。結果、前者を選んだ人が約８割に上り、特に60代以上の人に多くみられた。このような「ぽっくり死」を望む理由としては、「苦しみたくないから」や「家族に迷惑をかけたくないから」が６割以上であった。一方、後者を選んだ人は２割程度にとどまっており、この「ゆっくり死」を望む理由には「死のこころづもりをしたいから」が多かった。

みずからの理想の死に方としては「ゆっくり死」よりも「ぽっくり死」を望む人のほうが多いといえるが、残される者の立場からみれば、「ぽっくり死」は「予期せぬ死別」である。自分にとっての理想の喪失が、必ずしも周囲の者にとって望ましいとは限らないかもしれない。

　この調査では、配偶者より先に死にたいか、後に死にたいかについても問うている。どちらが先か後かは天命に従うほかないが、かりに自分で死の時期を決められるとしてどちらを望むのかを尋ねた結果、既婚者694人のおよそ3人に2人が、「自分が先に死にたい」と回答した。特に男性で割合が高く、男性が約8割であったのに対し、女性は約半数にとどまっていた。

「自分が先に死にたい」と考える理由としては、「パートナーを失う悲しみに耐えられないから」「自分が死ぬときにパートナーがそばにいて欲しいから」「パートナーがいないと生活していくことが難しいから」などが多かった。調査では、パートナーが先に死んだ場合、どんなことが心配なのかについても尋ねており、男性では家事やみずからの健康管理への不安が多く挙げられていた。

　これらの結果は、既婚男性の多くが、妻に精神面でも生活面でも強く依存していることを示唆している。一般的には、男性のほうが先立つ割合が高いが、逆の場合も稀ではない。75歳以上の男性ではおよそ6人に1人が妻との死別を経験しており、男性がひとり残される状況も十分に起こりうる。自分が先に死ぬと思い込むことで、妻に先立たれる可能性から目をそむけている人もいるだろうが、妻との死別は決して想定外の出来事ではない。

第2章　喪失がもたらす影響

誰もが経験する悲嘆

喪失の「失」という漢字は、巫女が身をくねらせて舞い祈る形で、エクスタシーの状態にある人の形、すなわち自失の状態を表しているという。特に突然の予期せぬ喪失の場合には、あまりのショックに、我を忘れて頭のなかが真っ白になってしまう、いわゆる茫然自失に陥るかもしれない。

過去に私が出会った遺族のなかで、小学生だった子どもを事故で亡くした母親は、「まるで他人事みたいに、いつのまにか葬式が終わっていた」と当時を振り返って話されていた。また、感情が麻痺したような感覚に陥り、何も感じず、何も考えられず、意外なほどに涙が出ないこともある。

石川啄木の歌集『一握の砂』のなかには、生後24日のわが子を亡くした悲しみを詠んだ句が収められている。

かなしみのつよくいたらぬ
さびしさよ

わが児のからだ冷えてゆけども

この句は、冷たくなっていく息子の身体を前に、泣くことさえできない啄木自身を詠んだものであり、悲しみきれないことへの自責の念がにじみ出ている。

このように喪失に対するさまざまな身体的・心理的反応や症状は、grief と呼ばれ、日本語では「悲嘆」と訳されている。grief の語源は、「重い」を意味するラテン語の gravis であり、古フランス語を経由して変化し、「心は悲しみで重くなった」という意味を表すようになったとされる。

特定の症状を指すのではなく、さまざまな反応を含む grief は、症候群として捉えられている。一方、日本語の「悲嘆」は「かなしみなげくこと」（『広辞苑』第七版）であり、grief の持つ症候群としての意味合いに比べ、かなり限定的である。したがって、研究者や臨床家によっては「悲嘆」と訳さずに、英語の発音から「グリーフ」と片仮名表記して用いている場合もある。本書では、日本語の「悲嘆」の一般的な意味ではなく、grief の意味として「悲嘆」という語を用いることにする。

喪失によって経験される悲嘆は、期間に差はあっても一時的な反応であり、誰もが経験しうる正常で自然な症状である。悲しみや怒りなど特徴的な反応はいくつかあるが、絶対的なものはない。心身に及ぼす影響は決して小さくはないが、基本的に悲嘆は疾患ではない。

悲しみだけではない

悲嘆は、主に死別に関する研究において、(1)悲しみ、怒り・いらだち、不安・恐怖、罪悪感、絶望、孤独感、喪失感などの感情的反応、(2)否認、非現実感、無力感、記憶力や集中力の低下などの認知的反応、(3)疲労、泣く、動揺・緊張、引きこもる、探索行動などの行動的反応、(4)食欲不振、睡眠障害、活力の喪失、免疫機能の低下などの生理的・身体的反応の4つに分類されている。個人差が顕著であり、悲嘆反応の種類や強さは人によって大きく異なる。個人においても時間とともに反応は変化する。

喪失に対する悲嘆反応は、いわゆる「悲しみ」だけではない。

喪失の状況によっては、悲しみよりも、怒りや罪悪感が強く経験されることもある。怒りの矛先は、しばしば周囲の人に向けられ、行き場をなくした怒りが、ときに理不尽な形の怒りとなってぶつけられることもある。

10代のときに震災で姉を亡くした女性は、『心のケア――阪神・淡路大震災から東北へ』

という本のなかで、当時の気持ちを次のように振り返っている。

「罪悪感があったんです。寝る位置が違っていたら、私が亡くなっていたかもしれない。私が代わりに亡くなっていたら、姉は死なずにすんだのだから、親は悲しまなかったんじゃないかって。今考えるとものすごい短絡的思考ですが、親があまりにも悲しんでいたので、そんなふうに考えてしまったんです」

災害や事故に遭遇して家族を失い、自分が助かった場合や、あるいは子どもや孫、きょうだいが亡くなった場合には、自分が今、生きていること自体がなにか悪いことのように感じてしまうことがある。このような罪の意識は、「生存者罪悪感（サバイバーズ・ギルトsurvivor's guilt）」とよばれ、人知れず苦しんでいる人も多いかもしれない。

重大な喪失によって、心にぽっかり穴があいたような空虚感や、心にしみいるような孤独感に襲われることはよくみられる。特に高齢者の場合には、配偶者や友人・知人との死別、定年や子どもの独立など重なり合う喪失体験によって孤独に陥りやすい。体力の衰えにともなって活動が減り、社会的ネットワークが縮小して孤独感が高まる可能性もある。独居高齢者の孤立は社会現象としてしばしば取り上げられるが、孤独感は社会的孤立によって生じるだけではない。他者との交流があったとしても、「自分のことを本当にわかってくれる人はいない」と苦しむ人たちもいる。

愛着と分離不安

英国の精神科医ジョン・ボウルビィが築いた愛着理論によると、悲嘆は本質的には「分離不安」であると捉えられる。愛着理論では、子どもの発達過程における親と子の親密で情緒的な絆である愛着に注目し、親は子どもにとって外界へ探索に出かける際の安全基地を提供してくれる存在であるという。そして、このような愛着対象である養育者が離れることに対して、子どもが示す不安や抵抗は「分離不安」とよばれている。

身内またはペットの死、自身または身内の病気、両親の離婚、転校、新しい土地への転居などの喪失によって、精神疾患としての「分離不安症」が引き起こされることもある。分離不安症の基本的特徴は、愛着を持っている人物や家などからの分離により生じる過剰な恐怖または不安であり、親の過保護や過干渉、遺伝的要因も関係している可能性がある。分離不安症の子どもは、一人で部屋にいたり、お使いに行ったり、キャンプに参加したりすることに抵抗や拒否を示しがちである。有病率は小児期から青年期、成人期にかけて低下するが、青年や成人にも激しい分離不安は起こりうる。分離不安症のある成人は、子や配偶者のことを過剰に心配し、それらから離れることに著しい不快をおぼえるとされている。

重大な喪失に向き合っていくうえでの基盤は、自己と他者に対する信頼感とされ、米国の精神分析学者のエリク・Ｈ・エリクソンによって基本的信頼感とよばれている。乳幼児期の健全な母子関係や適切な子育てを通して基本的信頼感は育まれ、安定した愛着スタイルが形成される。２〜３歳の子どもがひとりで遊べるようになるのは、自由に移動しうる身体の発達に加えて、母親から離れた場所にいても、もし困難な事態に直面すれば「きっと助けてくれるに違いない」という信頼感が醸成されているからである。

安定した愛着スタイルの人は、自分には価値があり、愛情や支援を受けるに値するという肯定的な自己イメージを有している。それに対して、基本的信頼感が乏しく、不安定的な愛着スタイルが形成された人、特に対人関係を求めつつも、愛着関係が損なわれてしまうことへの恐れが強い人の場合、ようやく維持してきた愛着を奪い去られたときに重度の抑うつを発症しやすいとされる。加えて、他者に頼ることができないために新たな関係を築くことが難しく、孤立してしまい、重大な喪失を受けとめることが困難となるかもしれない。

悲嘆とうつ病の違い

近親者との死別や経済的破綻、災害、重篤な疾患・障害などによる重大な喪失に直面した人のなかには、強い悲しみやそれにともなう不眠、食欲不振、体重低下といった、うつ病に特徴的な症状を示すケースもみられる。こうした症状は、いわゆる悲嘆であり、喪失に対する正常反応であるとも理解できるが、うつ病の可能性についても慎重に検討する必要がある。

２０１３年に発行された米国精神医学会が定める精神疾患に関するガイドライン『ＤＳＭ－５』では、悲嘆とうつ病は区別され、それぞれの特徴が次のように示されている。

・悲嘆で優勢な感情は空虚感と喪失感であり、うつ病では持続的な抑うつ気分と、幸福や喜びを期待することができないことである。

・悲嘆では、波のようにくり返し起こる発作的な苦しみがあり、数日から数週間かけて弱まっていく。この波は、故人についての考えや故人を思い出させるものと関連し、唐突につらくなることがある。うつ病の抑うつ気分は、慢性的に持続し、必ずしも特定の物事とは結びついていない。

・悲嘆の苦痛には肯定的な感情やユーモアをともなうこともあり、故人との古き良き記憶に思いをはせることもある。それらはうつ病での全般的な不幸感や苦悩にはみられない特徴である。悲嘆に関連した思考の特色は一般的に、故人に対するとらわれであり、うつ病にみられる自己批判的あるいは悲観的な反芻とは異なる。
・悲嘆において自尊心は一般的に維持される一方、うつ病では「自分は価値のない人間である」などといった無価値感や自己嫌悪がよくみられる。

実際に、重大な喪失体験によってうつ病や他の精神疾患に陥る人は一定の割合で存在する。たとえば、配偶者と死別した人々の場合、死別後１カ月には50％、２カ月では25％、１年では16％、２年では14〜16％がうつ病と診断されたとの研究報告がある（Zisook, 2000）。

また、暴力的な出来事によって、家族または友人が実際に死んだ、もしくは危うく死にそうになった場合、急性ストレス障害や心的外傷後ストレス障害（ＰＴＳＤ）に陥る危険性もある。事故や自殺、他殺によって子どもを亡くした親１７３人を対象とした研究では、死別から5年が経過した時点で、母親の27・7％、父親の12・5％が、ＰＴＳＤの診断基準を満たしていたと報告されている（Murphy et al., 2003）。

人との死別と同様に、ペットとの死別においても精神症状がみられる。日本での動物火葬施設利用者を対象に精神健康調査票（GHQ）を用いた調査では、死別直後で回答者の約6割、4カ月後で約4割が、精神疾患を有する危険性があると判定されている（木村他、2016）。アイペット損害保険株式会社が2017年8月に実施した犬猫を亡くした経験がある30〜59歳の男女を対象としたインターネット調査の報告によると、ペットロスにともなう症状として、約6割の人が「突然悲しくなり、涙が止まらなくなった」と回答し、他にも「疲労感、虚脱感、無気力、めまい」「食欲不振、過食」「眠れない」などの症状が訴えられていた。

あとを追うように亡くなる

俳優の津川雅彦さんが心不全で亡くなったのは、妻で俳優の朝丘雪路さんの死から99日後のことであった。ロックミュージシャンの内田裕也さんも、妻で俳優の樹木希林さんの死から約半年後に逝去された。両氏とも文字通り、妻のあとを追うように亡くなられたといえる。

配偶者との死別が、死亡リスクを高めることは、これまでの数多くの研究で報告されている。

今から４００年近く前の１６５７年、ロンドンでの年間死亡者の死因を分類したヘバーデン博士の報告書では、死因の一つとして「悲嘆」が記載されていた。かつて悲嘆は死の原因の一つとみなされ、多くの医者が患者の症状として悲嘆を記述し、悲嘆は患者の気を狂わせると信じられていたという。

近年の質の高いコホート研究においても、配偶者との死別に関していえば、配偶者を失った人は有配偶者と比較し、死亡率が増大することを確認しており、男性のほうが女性よりも死亡率の増大が大きく、65歳未満の若い年代や死別後６カ月未満の早い時期のほうが確率は高いとの結論が導かれている（Moon et al., 2011）。

カリフォルニアの夫婦１万２５２２組を対象とした23年間の追跡調査の結果によると、死別から7〜12カ月時点の死亡リスクは、配偶者が健在の人に比べ、もともと健康に問題があった男性で１・56倍、健康上の問題がほとんどなかった男性で２・12倍であった（Schaefer et al., 1995）。つまり、妻の生前にはいたって健康であった男性のほうが、妻を亡くしてから体調を崩し、死に至る危険性が高まることを示している。この研究では、２年以上が経過した時点においても、男女ともに死亡リスクは配偶者が健在の人より高いことが示されており、影響は長期に及ぶ可能性があることも指摘されている。

死亡率の増大に関係する疾患の一つとして、心疾患が挙げられる。死別に関する研究や支援活動における世界的な第一人者である英国の精神科医コリン・M・パークスは、伴侶を亡くした男性を対象とした彼の初期の研究において、死別から6カ月以内での死亡率の増加を確認し、その主因となる疾患として心疾患、特に冠動脈血栓とその他の動脈硬化症を報告している。

国立がん研究センターや大阪大学などによる、4万9788人を対象とした調査では、配偶者が健在な人に比べ、死別や離婚した人の脳卒中の発症リスクは、男女とも1・26倍高いことが報告されている（Honjo et al., 2016)。

配偶者との死別や離別は、自殺につながる危険性も孕んでいる。妻を亡くした50代の男性は、次のように話している。

「妻が亡くなって1年くらいは気が沈んでばかりでした。このベランダから落ちたら死ねるかなって、ずっと思っていました。子どもがいなかったら私はもう死んでいると思います。この子を大きくするまではと思って……」

平成30年版自殺対策白書では、配偶者との死別や離別を経験した人の自殺リスクが高いことが報告されている。人口10万人あたりの自殺者数である自殺死亡率は、60歳以上の男性でみると、有配偶者の場合には21・４人であるのに対して、死別者では51・０人と2倍以上高く、離別者では80・９人と４倍近くも高かった。60歳以上の女性の場合も、有配偶者では10・４人であるのに対して、死別者では16・２人、離別者では21・５人と、死別や離別に関連して自殺のリスクは高まるが、男性のほうがより顕著であるといえる。

遷延性悲嘆症

死別の場合において、一般的にみられる通常の悲嘆に対して、通常ではない悲嘆は、「複雑性悲嘆」とよばれる。以前は「病的悲嘆」とよばれていたが、２０００年代以降は複雑性悲嘆という用語が広く使われてきた。

複雑性悲嘆は次のように定義されている。

「悲嘆の特定の症状あるいは一般的な症状の持続期間および強度と、社会的、職業的、他の重要な領域の機能障害の水準に関して、死別によって予測されうる（文化的）基準から、臨床的に意味のあるレベルで外れている」

米国の心理学者ジョージ・Ａ・ボナーノによると、複雑性悲嘆の状態にある人は故人のことしか考えられず、他の人々は視界から消え去り、故人をくり返し探し求める。望むのは故人を取り戻すことだけである。そして逆説的なことに、愛する故人を必死になって取り戻そうとすることは、なぐさめにはならず、苦痛を深めてしまうことになるという。

このような複雑性悲嘆は、近年の研究において、心疾患、高血圧、がん、免疫機能の低下、QOLの低下などの健康リスクと関連するとともに、自殺念慮、仕事や社会的機能の欠如、タバコやアルコールの過剰摂取といった健康上有害な行動の増加にも関係すると報告されている（Prigerson et al., 2008）。

複雑性悲嘆の診断学的な位置づけとして、米国精神医学会の『DSM-5』では、根拠となるデータが不十分との理由で、公式な精神疾患の診断基準としての採用は見送られたが、さらなる研究を要する疾患として「持続的複雑性死別障害（Persistent complex bereavement disorder）」という名称と診断基準が提示されている。『DSM-5』での補足説明によると、複雑性悲嘆の有病率は、およそ2・4～4・8％であり、男性よりも女性に多くみられるという。他方、WHOによる疾病、傷害および死因の統計分類の最新版であるICD-11では、「遷延性悲嘆症（Prolonged grief disorder）」という名称で、通常ではない悲嘆が新たに精神疾患として加えられる見込みである。

複雑性悲嘆につながる危険因子は、「死の状況」「亡くなった対象との関係性」「死別を経験した当事者本人の特性」「社会的要因」の４つに大きく分類することができる（瀬藤，2005）。「死の状況」は、突然の予期しない死別、自殺や犯罪被害による死別、同時または連続した喪失、遺体の著しい損傷などを含む。「亡くなった対象との関係性」については、子どもとの死別など深い愛着関係がある場合や、過度に依存的な関係、または葛藤関係や愛憎関係などが挙げられる。過去の未解決の喪失体験、精神疾患の既往、強い不安傾向などは、「死別を経験した当事者本人の特性」に関わる要因である。そして「社会的要因」とは、経済的な困窮、サポート・ネットワークの不足、訴訟や法的措置の発生などである。

日にち薬は本当か

重大な喪失への向き合い方として、「時が過ぎるのを待った」という人も多いかもしれない。「時間が癒やしてくれる」となぐさめる周囲の人もいれば、自分にそう言い聞かせる人もいるだろう。時間は心を癒やす妙薬であり、悲しみやつらさは時が経てば薄らいでいくものであるという意味で、「日にち薬」という言葉もある。

30代の女性は夫を病気で突然に亡くしてからしばらくは、夜眠れなかったり、気分が落ち込んで身の回りのことが手につかなかったりしたが、時間が経つにつれ徐々にこれまで通りの生活を取り戻していったという。２年以上が経った今では、「夫のことを思い出しても、それは悲しいことではなく、楽しい思い出になっている」と話していた。

実際には、重大な喪失にともなうつらさは、時間だけで解決できるようなものではない。むしろ時間が経つにつれ、つらさが増してくるように感じられることさえある。とはいえ、時間が経過していくなかで、気持ちはゆれ動きながら、少しずつ変化していくことも事実である。

過去に友人が夫を亡くしたときに、「日にち薬だから、頑張って」と励ましたことがあるという60代の女性は、夫を失ったみずからの体験を振り返り、次のように話す。

「自分が同じ立場になってみて、まわりの人から『日にち薬』だと言われて、すごく嫌だった。『日にち薬』なんて絶対にないと思った。でも、１年以上が経って、当時に比べるとずいぶん気持ちが落ち着いてきた。今になって、これが『日にち薬』なんだと思うようになった」

喪失の種類やおかれた状況などによって、悲嘆の大きさや期間の個人差が大きいため、「いつまでに立ち直らなければならない」というような基準を設けることは困難である。喪失による苦痛が軽減されるのに要する時間は人によって異なり、本人や周囲の人が考えるよりも短いこともあれば、ずっと長いこともある。たとえば配偶者との死別に関する研究では、うつ症状を示す人の割合が、死別から４～７カ月後では42％であったのが、24カ月までに27％に低下し、30カ月後には18％にまで低下するとの報告がある（Stroebe & Stroebe, 1993; Futterman et al., 1990）。このように時間の経過とともにうつ症状を示す人の割合はたしかに低くなるが、有配偶者の場合には10％であることを踏まえると、２年後や２年半後においてもその割合はまだまだ高いといえる。

時間とともに少しずつ悲嘆が軽減していく過程において、治りかけた傷口からふたたび血がにじみ出すように、ときに急激な落ちこみを経験することもある。喪失体験を思い返しやすい日、たとえば死別の場合なら故人の命日や誕生日などが近づくと、すでに気持ちの整理がついていると思っていても、当時の記憶が蘇り、気分の落ちこみなどの症状や反応が再現されることがある。これは「記念日反応」とよばれる。こうした気分の落ちこみと前向きな気持ちのあいだを、まるで波のようにゆれ動きながら、少しずつ落ちこみは軽減していく。失ったことのつらさは完全にはなくならないかもしれないが、つらいだけの時間は少なくなっていくであろう。

男らしさと女らしさ

米国の死生学研究者であるケネス・ドカとテリー・マーティンは、著書『Grieving beyond gender』(Routledge, 2010) のなかで、喪失に対する向き合い方には、感情的な様式と行動的な様式があると論じている。感情的な様式では、つらい感情を自発的に表現し、みずからの喪失体験を他の人と共有することを望むのに対して、行動的な様式なら、理知的に対処しようとし、感情よりも課題を議論することを望むという。二つの様式に優劣はなく、多くの人は両方の要素を併せ持っている。どちらか一方のみの様式の人は稀であり、両要素の比重の置き方が人によって異なる。

行動的な様式の傾向が強い人はみずからの感情を表に出すことは望まないが、悲しみや思慕などの感情を経験していないわけではない。しかし、感情をあまり表現せず、冷静に対応している行動的な様式の人に対して、感情的な様式の比重が大きい人は不信感をおぼえ、両者の関係に葛藤が生じることもある。

男らしさや女らしさといったジェンダーは、喪失に対する向き合い方に関係するとされ、感情的な様式は女性性、行動的な様式は男性性と結びつけられがちである。しかし、ジェンダーは影響要因の一つに過ぎず、実際はジェンダーに関係なく、男女ともにいずれの様式も認められる。ジェンダーだけでなくパーソナリティや文化、経験など他の要因との組み合わせによって、両様式のどちらに傾倒するかが決定される。

映画『ラビット・ホール』（２０１１年）では、交通事故で突然に４歳の一人息子を失った夫婦の悲嘆と、それぞれの向き合い方が描かれている。息子の死から８カ月が経ち、深夜に息子の動画を見たり、グループセラピーにも通ったりと、亡き息子との思い出を大切にして前に進もうとする夫ハウイーとは対照的に、ニコール・キッドマン扮する妻ベッカは亡き息子を忘れようと努めている。

この映画では、夫のほうが感情的な様式であり、妻のほうが行動的な様式であるように思われる。悲嘆におけるジェンダーの影響については、ことさらに誇張せず、各自の様式の差異に注目することが大切である。より情緒的な様式の男性は悲嘆の表現や共有を望むが、男性役割への期待によって、悲嘆を表現することに躊躇をおぼえることがあるかもしれない。当人にも周囲にも、ジェンダーに縛られない共感や理解が求められるだろう。

ところで、映画のなかで、妻ベッカの母親は、ベッカの兄である息子を早くに亡くした経験があり、「悲しみは消える？」との娘の問いかけに対して、次のような言葉を伝えている。

いいえ。私の場合は消えない。11年経ってもいまだに。でも変わっていく……なんていうか、その重みに耐えられるようになるの。

押しつぶされそうだったのが、這い出せるようになり、ポケットのなかの小石みたいに変わる。

ときには忘れもするけど、何かの拍子にポケットに手を入れると、そこにある。苦しいけど、いつもじゃない。

それにつらくはあるけど、息子の代わりに残ったものなのよ。ずっと抱えていくしかないの。

決して消えはしない。それでもかまわない。

どのような様式で喪失に向き合うにしろ、悲しみは消えないかもしれない。そうであるならば、自分なりの向き合い方を模索しながら、気持ちを整理していくほかない。「悲しみはやがて変わり、その重みに耐えられるようになる」とのメッセージは、先の見えない暗闇のなかで、一筋の光となるかもしれない。

予期悲嘆

重大な喪失が起こることが予想されるとき、実際に喪失がおとずれる以前から、本人や家族が特殊な心理状態に陥ることは想像に難くない。このような実際の喪失の前に生じる悲嘆は、「予期悲嘆（anticipatory grief）」とよばれている。

たとえば、がんなどの慢性疾患による死の場合は、突然死とは異なり、病気が発覚してから死がおとずれるまでに一定の期間がある。家族や親族らは、現実を認めたくない気持ちや、病気が治ることへの希望を抱きつつも、目の前で弱っていく患者の様子を見て、死が近いことを意識せざるを得ず、悲しみの度を深めていく。

ときに予期悲嘆があまりに強く、患者を避けたり、十分なコミュニケーションが取れなくなったりすることもある。なお予期悲嘆は、実際の喪失にともなう悲嘆を先取って経験されるものではない。予期悲嘆を十分に経験したからといって、喪失後の悲嘆が軽減されるとはいえない。

患者本人もまた自身の死を前にして予期悲嘆を経験する。脳腫瘍で亡くなった30代の男性は、みずからのブログ「Yと脳腫瘍」（http://lily100100.blog.fc2.com/）に闘病中の思いを残している。

自分は出来る限りの治療を行い、病気に向かおうと思っています。

もちろんベストは奇跡的に病を克服!!そして日々のくらしに。

ただ、現実的に転移が分かった時点でこの病に完治は無いと告知されており、今後様々な機能を失い死に至ることもまた考えられます。

死への恐れもありますが、それ以上に自分はそれまでの過程に恐れています。

このまま病気が進行し様々な機能を失い、いずれ自分が分からなくなる事を恐れています。

自分にとってそんな状態は「生きてる」って言えないし、家族・支えてくれる皆さんの事を思うと辛い。

この日記は再々発が発覚した直後のもので、奇跡的な回復への希望を抱きつつも、死にゆくことへの恐れが切々と述べられている。予期悲嘆は、死そのものへの恐怖や不安だけでなく、死に至る過程において失われていくものに対する反応であるといえる。病気の進行にともない、自律性や自我が失われていくことは、患者本人にとっても、家族にとっても耐えがたい苦痛となる。

このようなみずからの死を前にしたときに感じる解決困難な苦しみは、「スピリチュアル・ペイン」ともよばれる。自己の死を意識した本人からは、「まわりに迷惑ばかりかけて申し訳ない」「一人で何もできず情けない」「生きていても仕方がない」「死ぬのが恐い」「家族を残していくのが心配」といった表現がなされる。

スピリチュアル・ペインとは、生きることや自己存在そのものが揺るがされるような根源的な痛みであり、必ずしも死を前にした人のみが感じるわけではない。加齢により身体機能が低下した高齢者や、何らかの障害を負った人、定年退職を迎えた人などにおいても、「自分は何のために生きているのだろう」といった苦悩が経験されることがある。

子どもの悲嘆反応

家族の死など重大な喪失に直面したときに、泣きじゃくる子どもがいる一方で、まったく泣かずに、まるで何事もなかったかのようにいつも通りの行動や遊びをする子どももいる。

後者の場合、一見すると元気そうにみえるかもしれないが、実は解離状態にある可能性もある。解離とは、自分を守るために、みずからの感覚や記憶、認知などを切り離し、その出来事が自分に起こったことではないかのように位置づけることであり、無意識的な自己防衛機制の一つである。まわりが思っている以上に子どもは大きな精神的ダメージを受けていて、影響が長期にわたる場合もある。

喪失に対する子どもの反応として、思考にまとまりがなくなって精神的な混乱をきたしたり、無表情になって口数が減ったり、無気力になったりすることもある。主な感情的な反応としては、罪悪感がみられ、喪失の原因の一端が自分にあると思い込み、ひどい場合には自傷行為に及ぶ可能性すらある。子どもが抱く罪悪感は、大人には不合理な考えに思えたとしても、本人にとっては長きにわたる心の重荷となるかもしれない。

不安を強く感じ、夜、寝つけなかったり、悪夢にうなされたりすることもある。死別のあとであれば、自分にも同じことが起こり死ぬのではないか、他の家族もいなくなってしまうのではないかという不安を抱く子どもや、これからの生活を心配する子どももいる。

子どもの場合、悲嘆が言葉で表現されるのではなく、頭痛や腹痛、微熱、食欲不振、不眠などの身体症状、落ち着きのない態度や攻撃的な行動、非行、不登校や学習上の問題として表れることがある。また、周囲の心配を感じとって妹や弟の面倒を積極的にみたり、親を心理的あるいは物理的に助けて安心させたりして、表面上は問題なさそうにみえても、心のなかでは必死に踏ん張っていて、やがて人間関係や身体に悪影響が表れることがある子どももいる。思春期の子どもには、喪失体験や悲嘆についての話すことへの抵抗感がしばしばみられる。

幼少期の親との死別体験が、成人期以降の精神的問題や、心疾患などのストレス関連の病気につながる可能性もある。北欧（デンマーク、スウェーデン、フィンランド）での約７３０万人を対象とした大規模なコホート研究では、親と死別した子どもの死亡リスクは、親と死別していない子どもの１・５倍高いと報告されている（Li et al., 2014）。こうした長期的な影響には、死別当時の年齢、死別後のストレスフルな出来事、残された親の精神的問題、残された親との関係性などの要因が介在しており、特に親の共感的な態度など死別後の家族環境が大きく関係すると考えられている。

親を失うきっかけは死別だけでなく離婚や別居などもあり、その場合は死別とは少し異なる特徴的な反応がみられる。たとえば、離婚時に学童期（6～12歳）だった子どもの場合、離婚から1～2年が経過する頃までは、別居の親に対して相反する感情を抱き、いずれかの親を選ぶことに葛藤を感じることもある。また長期的な影響として、離婚時に学童期以降だった子どもは、就学前だった子どもに比べ、引きこもりや非行がみられる傾向が高いとの研究報告もある（井村, 1997）。

自殺がもたらすもの

自殺による死は、残された者にとって重大な喪失体験であり、大きな影響を及ぼす。特徴的な反応の一つは「罪責感」である。周囲にいた者としては、自殺を防ぐことができなかったことへの罪責感や無力感が強く、特に子どもの自殺の場合、保護すべき立場にある両親に顕著であるという。自分に対する怒りだけでなく、自殺を食いとめられなかった専門家や関係者に対する憤りや恨みの感情もある。また、自分が故人から拒絶されたように感じ、故人に対する怒りが表出される場合もある。

「悲しいよりも腹が立った」という50代の女性は、夫が自殺し、夫側の親族からひどく非難され、絶縁された。亡き夫へは「残った者をどうするの？」と言いたいという。一方で「どうして……」という思いもあって、自分が追い込んでしまったのかとみずからを責めることもあるということであった。

残された者のなかには不安や恐怖を感じる人もいる。不安の一つは、自身の自殺衝動への恐れであり、自分も同じ運命を辿るのではないかと感じることがある。他の大切な人たちも、自分をおいて先に死んでしまうのではないかという不安もある。死に対する恐怖感が強く、暗い場所が恐い、鏡が恐い、目をつぶるのが恐い、一人でいるのが恐いなどの状態が続くこともある。

現在の日本では自殺者やその遺族に対して、恥や汚名を浴びせ、スティグマ化する風潮が依然として残っており、遺族みずからもこのような社会的態度を内面化し、恥辱感を抱くかもしれない。自殺を恥ずべきものと捉え、周囲に事実を伏せている遺族も少なくない。またまわりの人も、自殺の事実にはあえて触れないようにしたり、遺族に会うこと自体を避けたりすることもある。先ほど紹介した女性も、「遺品を誰ももらってくれない。夫の人生がなかったことにされたみたい」と語っていた。そのような場合、遺族は孤立感や疎外感をつのらせかねない。

自殺は、家族のみならず関係者にとっても大きな喪失体験である。自殺には多様で複合的な原因や背景が存在するが、特に精神疾患との関連性が指摘されており、精神科病院の約８割で３年間に入院患者の自殺があったとの報告もある（南他, 2006）。精神科病院に勤務する看護師を対象にした私の調査では、患者の自殺（未遂を含む）を経験していた回答者の半数以上がショック、落ちこみ、自責感、恐怖、怒り、混乱を経験しており、約４人に１人は「仕事を辞めたいと考えた」とも回答していた。自殺による喪失は家族だけでなく、医療者を含む関係者にもときに深刻な影響を及ぼすといえる。

家族全体に及ぼす影響

重大な喪失は個人的な体験であると同時に、家族全体として直面する出来事でもある。自然災害に被災したり、家族が大病を患ったりした場合など、喪失に直面することによって家族が一致団結し、それまでよりも家族のまとまりが高まることがある。一方で、喪失をきっかけに家族の結束が壊れ、皆がバラバラになることもある。たとえば子どもの死により夫婦関係が悪化し、別居や離婚に至ってしまうケースも一定の割合で存在する。

特に家族成員の死は、家族内の関係性やコミュニケーションに大きな変化をもたらしかねない。たとえば母親の死後の父子関係において、子どもがやさしくなり、会話や一緒に出かけることが増えたという人がいる一方、会話が減り、なんとなく他人行儀になったという人もいる。関係性が悪化したという60代の男性の場合、妻の生前、自分は仕事優先で子どものことは妻に任せっきりにしていて、子どもとのコミュニケーションがあまりなかったという。

彼の「家族」は、妻を中心として各々の成員が結びついていたため、彼女の死によって、バラバラの状態になってしまったようである。このように死別や離別、病気などによって家族関係の中心的存在が失われた場合には、家族成員同士のまとまりが薄れたり、会話が減少したりするかもしれない。

子どもが亡くなった場合には、親は深い悲しみのあまり、他の子どもに目が行き届かなくなることもある。その場合、残された子は、きょうだいを失うだけでなく、親は現実に存在しても、心は離れ離れで心理的には存在しないという「あいまいな喪失」を経験することになる。こうした二重の喪失に人知れず苦しみ、家庭内で疎外感や孤独感を抱いている子どももいる。

家族成員の死や病気によって均衡が崩れ、関係秩序の混乱や、役割の混乱なども起こりうる。たとえば父親の死後、残された母親に退行現象（子ども返り）がみられ、親の役割を子どもが引き受けざるをえなくなった場合、子どもの健全な発達が阻害されかねない。家族生活を継続するためには、関係性の再構築や役割の再編成が求められる。

喪失に対して最も適応力のある家族とは、成員がそれぞれに親密な関係で、苦悩を共有し、互いに支え合うことができる家族である。そのような家族では、成員一人ひとりの思いが尊重され、各自が必要に応じて適切な役割や義務を担い、関係性の変化に柔軟に対応することもできる。

それに対して、喪失について語ることを避け、本心を分かち合うことなく、互いにサポーするすることをしない回避傾向のある不適応的な家族もある。そのような家族では、一体感が乏しく、感情の共有が図られず、成員の感情は抑圧され、悲嘆が複雑化することにもつながりかねない。他方、成員の凝集性が極度に高く、外部との関係を閉ざし、孤立する家族もある。その場合、友人や地域資源などのネットワークから離脱し、十分なサポートが得られないかもしれない。

喪に服す

「喪失」の「喪」の字が用いられた言葉に、「喪《も》に服す」という表現がある。喪に服す（服喪）とは、身近な人が亡くなったときに、一定期間、亡き人の死を悼む慣習であり、地域や文化、宗教によって異なる。代表的なものとして、喪服を着ることや喪章をつけること、半旗を掲げることなどがある。悲嘆は喪失に対する個人的な反応であるのに対して、喪に服すことは規範・慣習に基づく悲嘆の社会的な表現であり、儀礼であって、両者は基本的に区別される。

日本では、喪に服すことは忌服《きぶく》ともよばれており、その歴史は古く、たとえば７１８年には養老喪葬令が出され、忌服は制度化されている。喪に服す期間（喪中）には、死の穢れのために家に謹慎する「忌」の期間（忌中）と、喪服を着用し行動を慎む「服」の期間が含まれる。期間の長さに関しては、１８７４（明治７）年の太政官布告による服忌令《ぶっきりょう》に定められている。この法令は、夫と妻、嫡子と非嫡子とのあいだで期間に差があるなど、家長制度の色合いが強い。

現在では一般的に、「忌」の期間は、仏式では49日、神式では五十日祭の「忌明け」までの期間を指し、「服」の期間は１年間と考えられている。忌服期間には、結婚式や賀寿などの慶事への出席や、神社への参拝、氏神の祭事への参加、しめ縄・門松・鏡もちなどの正月飾りやおせち料理、年始回りや年賀の挨拶などは控えるべきであるとされる。

他方、宗教学者の松濤弘道氏が著した『最新世界の葬祭事典』によると、たとえば伝統的なユダヤ教徒が喪に服す期間は３つに区分される。最初は死から埋葬のあいだで、遺族は自分の着ている服やそれに付けた黒い布切れを引き裂いて深い悲しみを表し、肉食や飲酒や性交を避ける。「シヴァー」とよばれる第二の期間においては、人間の霊魂を象徴する火を７

日間灯し続ける。第三の期間を「シェロシーム」といい、7日目の終わりから30日までで、この期間中は頭髪やひげを剃らず、社会的な活動を行わないことになっている。

イスラム教の聖地メッカのあるサウジアラビア王国では、遺族は40日間喪に服し、女性は服喪期間中、濃いコホル（アイシャドー）をつけず、白い服を着用するという。ヒンズー教徒が8割以上を占めるネパール連邦民主共和国では、服喪期間中は一日一食で、13日間の喪が明けると遺族は初めてひげを剃り、僧侶を招いて祈願を依頼する。

こうした喪に服す慣習は、時代とともに変化する。たとえば地中海のほぼ中央に位置するマルタ共和国では、人が亡くなると近親者の女性は40日間、男性は7日間、外出を控え、そのあいだは髪をとかさず、寝室は点灯したままにしておく慣習があったが、最近は簡素化されつつあるという。日本においても同様に簡素化や形骸化は認められるものの、喪服や喪章、喪中はがきなど、服喪の慣習は現代でも根強く受け継がれている。

なお、死を悼むのは人間ばかりではないかもしれない。京都大学霊長類研究所の研究グループによる2010年の研究報告によると、ギニア共和国のボッソウ村に住む野生チンパンジーの母親が、病気で死んだ幼子をミイラ化するまで背負い続けるなど、わが子の死を悼み、弔うようにみえる行為が同じ群れで複数確認されたという。また身近なところでも、飼い犬が死んだとき、一緒に飼っていた他の犬が餌を食べなくなったり、普段はよく吠えるのに吠えなくなったりしたなどの話が聞かれることもある。このような悲嘆と思われる反応は、社会的動物である哺乳類や鳥類にもみられるという。こうした動物たちが、人間と同じ死の捉え方をしているとは考えにくいが、仲間の喪失によって何らかの影響を受けていることは十分に推察される。

人間的成長

重大な喪失は決して好ましい出来事であるとはいえない。特に、現実に深刻な喪失に直面している方々を前にして、良い経験であったなどとはいえるはずもない。一方で、大切な人の死や、みずからの深刻な病気および中途障害など、人生で経験する悲劇的な体験が、当事者本人の価値観や生き方などに影響を与え、人間的成長の機会になりうることも事実である。

このような良い方向への変化は、「心的外傷後成長（posttraumatic growth）」と呼ばれる。「成長」という表現は不適当だと感じられるかもしれないが、トラウマ体験の一端を表す専門用語として広まりつつある。

米国の心理学者であるリチャード・G・テデスキとローレンス・G・カルホーンは、重大な喪失を含む、外傷体験後の成長の一領域として、「人間としての強さ」を挙げている。重大な喪失を経験することにより、自分という人間の弱さを思い知らされることがある。その一方で、喪失に向き合い、現実を受け入れようと苦闘するなかで、以前よりも強くなった自分を感じられるようになることもある。苦しみの底を経験したがゆえのしなやかな強さを身につけ、この先のどんな困難にも対処できると思えるようになる人もいる。肯定的な自己イメージは、幼年期以降の発達過程において経験される一つ一つの喪失体験に向き合っていくなかで損なわれることもあれば、育まれてもいくのであろう。

また、病気や死、自然災害などによる重大な喪失は、人間を超えた力をまざまざと私たちに突きつける。そのような体験を通して、それまでの価値観や信仰心が根底から大きく揺さぶられ、ときに絶望感を抱くこともある。一方で、宗教的な信念や精神性、いわゆるスピリチュアルな分野への関心が高まり、みずからの価値観や信仰をあらためてみつめなおすことで、人生の意味への洞察が深まることにもつながる。これも心的外傷後成長の一つであり、「精神性的な変容」とよばれている。

もちろん誰もがこうした変化を経験するわけではなく、必ず成長しなければならないわけでもない。また、成長がみられたからといって、苦痛や苦悩がなくなるわけでもない。人間的な成長は目標ではなく、あくまでも結果であり、困難な体験における苦闘のプロセスを通じて副次的に生じるものであるに過ぎない。したがって、喪失による成長をことさらに強調するつもりはない。

とはいえ、人格形成や生き方などに、人生のさまざまな時期での喪失が少なからぬ影響を与えていることも事実だ。臨床心理学者の山本力氏は、「仮に真実を星に喩えるなら、明るい昼間、星々は見えない。夜のとばりがおりて、まっ暗になればなるほど無数の星が見えてくる。悲しみは心に夜の闇をもたらす。そして、明るいとき気づかなかった星々が見えてくる」とし、悲しみは「わるいこと」ばかりをもたらすものではないと述べている。山本氏が指摘するように、喪失体験が内的動機となって、文学や絵画、音楽などの芸術の領域で、多くの創造物が生まれてきたことを私たちは知っている。

第3章　喪失と向き合うために必要なこと

落ち込むのは当然

「これからどうやって生きていけばよいのかわからない。何もする気がしない」
「前向きにならないといけないとは思っているけど、それができない」
「誘ってくれる人はいるが、外に出かける気分ではない」

大切なものを失ったときに、このように深く落ち込み、何事にも無気力になることは自然である。身を切るような悲しみや、湧きあがる怒り、言葉にできない苦しみもあるだろう。自分の人生が終わったように感じ、先のみえない絶望感に、生きていても仕方がないと思うことさえある。自分でも驚くほど落ち込み、制御できないくらいの感情を抱くのは決しておかしなことではない。失ったものが、自分が意識していたよりもずっと大事なものであった証である。

重大な喪失は、人生のなかで、そう何度も経験するものではない。たとえば、配偶者や子どもの死に直面するのは、ほとんどの人にとって初めての体験である。それゆえ、「このつらさがいつまでも続くのではないか」「自分は人とは違うのではないか」などと不安になることもありうる。

遺族の集まりにおいて、一日のなかで、いつ頃に気持ちがつらくなるのかという話題になったことがある。配偶者を亡くして一人暮らしとなったある女性は、「夜がつらい」と話された。日中、明るいうちはいいが、暗くなるとたまらなく寂しくなるという。参加していた他の遺族の方も深くうなずいていた。一方で、「朝がつらい」という方もいた。目が覚めて、パートナーがいないという現実をあらためて実感することが耐えがたいという。これにも同調する声があがった。

人によって受けとめ方は異なるであろうが、同じような思いや体験をしている人は自分以外にも必ずいる。一人ひとりの体験は決して同じではないが、たいていの場合、自分の体験が異常であると心配する必要はない。

国立がんセンター名誉総長の垣添忠生氏は、奥様をがんで亡くされた後、つらい気分を麻痺させるため、酒浸りの日々だったという。「我ながら、良く生き延びたものだと思う。死ねないから生きている。そんな毎日だった。（中略）地べたを這うような日々は、終わりが見えなかった。永遠に続くのではないかと絶望的になった」と当時を振り返っている。

同じく奥様をがんで亡くされた川本三郎氏は、垣添氏との対談のあと、「理知的なお医者さんでも妻の死のダメージは大きいのだなと、ある意味、安心した」と著書で述べている。

川本氏も、妻の死後、何もする気になれず、家のなかは散らかっていて、人に会う気もせず、軽いうつ状態だったかもしれないと述懐している。

重大な喪失に直面してひどく落ち込んでいたとしても、多くの場合、その状態は異常ではないし、今のままの苦しみがいつまでも続くわけではない。

向き合い方に正解はない

重大な喪失に直面して落ち込んでいると、周囲の人が心配して色々なアドバイスをしてくれるかもしれない。過去に同じような体験をした人から、みずからの経験を踏まえた助言が与えられることもある。周囲からの気遣いはありがたい反面、「人からあれこれ言われるのはイヤ」という人も多い。

重大な喪失にはそれぞれの特性や状況があり、直面した人の受けとめ方や反応、向き合い方も大きく異なる。喪失に対してどう反応し、どう向き合うのが正しいのかを一律に定めることはできない。喪失体験は、きわめて個人的な体験である。他の人にとっては役に立つ助言でも、自分にはそうでないこともある。

喪失にどのように向き合うのかは、人生をどのように生きるのかに通じる。生き方に一つの正解がないのと同様、喪失への向き合い方にも絶対的な解があるわけではない。「今の自分」には合わないことでも、しばらく時間が経ってから、受け入れられるようになることもある。

同じような体験をした人の話を聞いたり、手記を読んだりすることで、みずからの喪失体験を客観視し、これからの歩みに向けてヒントが得られることもたしかにある。そうはいっても人それぞれ体験が異なるのだから、自分の考えとは違うと感じる部分も必ずある。他者の考えや助言にそのまま従う必要はなく、基本的には自分が良いと思える向き合い方でかまわない。本書も当事者の声や文献資料などに基づき、喪失体験について論じているが、異なる考え方や向き合い方を否定するものでは決してない。

以前、ＮＨＫの情報番組で、「遺人形」というものが紹介されていた。「遺人形」とは３Ｄプリンターを用いて、写真から作成された故人そっくりの人形（フィギュア）である。高さは20～30㎝で、素材として特殊な石膏もしくは樹脂が用いられている。番組では、息子を交通事故で亡くした夫婦が、息子の人形に語りかける様子が紹介されていた。他にも、夫をがんで亡くした女性は、人形に日々語りかけているうちに、死を受け入れられるようになってきたという。

このような「遺人形」を作成することに対して拒否感をおぼえる人もいるだろう。場合によっては、悲嘆のプロセスにおいてマイナスに作用する可能性も捨てきれない。しかし、ここで重要なことは、亡き人の人形を手元に置くことを望み、それが心の拠り所になっている遺族が実際にいるという事実である。最近では、遺灰を収納したペンダントやリング、遺骨の成分で作った合成ダイヤモンドなど、手元供養とよばれる商品も広まってきており、「故人をいつも身近に感じたい」という遺族の要望に応えている。あきらかに問題があると判断されない限りは、それぞれの向き合い方は尊重されるべきであり、その善し悪しを評価するよりも、一人ひとりが抱えている思いに目を向けることが大切である。

自然に従えばいい

重大な喪失に伴う錯綜した感情やうまく言葉にできない思いに、胸が締め付けられ、心が押しつぶされるように感じるかもしれない。こうした体験は喪失の状況や対象などによって個人差は大きいが、誰しも経験しうる悲嘆反応である。自然に湧き起こる感情や心の痛みは当然の反応であり、「いつまでも泣いていてはいけない」「落ち込んでいてはいけない」などと、みずからの感情にふたをし、無理に抑え込むのは望ましいことではない。

日本では意識的あるいは無意識的に、人前で感情を表現することを躊躇する人は少なくない。特に年配の男性には、「人前で泣くべきではない」と考える傾向が強い。

妻を亡くして1年半近くが過ぎようとしている70代の男性は、「悲しくないわけではない」けれども、気持ちを表現することが苦手で、人前で泣くことはほとんどなかったという。「その人なりの表現の仕方もあるから、色々あっていいんじゃないかと思っています」と言いつつも、素直に感情を出せる人をうらやましく感じるとも話されていた。

「泣くこと」は、落涙を特徴とする生得的な感情表出行動であるが、情動調整機能を有しており、カタルシスとよばれる気分の浄化現象がみられることが知られている。ひとしきり泣くだけ泣いたら、気持ちが少し晴れるかもしれない。大人が泣くことは、ストレスに対する幼く消極的な対処方法として否定的にみられがちであるが、人間が生まれながらに身につけている有効な機能であるともいえる。

気持ちを受けとめてくれる人が身近にいれば人前で泣くことも悪くないが、必ずしもそうする必要はない。他者の前で泣いた場合とひとりのときに泣いた場合で、泣いたあとの気分の改善度に違いはないとの研究報告もある（澤田他, 2012)。人目を気にせず思いきり泣ける場所を探してみるのも一つの方法だろう。

夫を亡くした60代の女性の場合は、元気でなければいけないという雰囲気がなんとなくあって、子どもや周囲の人の前では泣けないという。まわりの人からは「しっかりしているね」と言われるが、無理して気丈にふるまっているだけで、一人で墓参りをしては涙を流しているそうである。周囲の人に見せている顔と、ひとりのときの顔は違うのである。

なお、よくいわれる「泣きたいときは泣いたらいい」は正しいが、泣けない苦しみがあることも理解する必要がある。無理に泣く必要はないし、泣けない自分を責める必要もない。泣くことは、有益な対処方略ではあるが、泣かなければいけないわけではない。

怒りとうまくつきあうことも大切である。重大な喪失に直面したときによくみられる悲嘆反応として、怒りを感じたり、イライラしたりしやすくなるかもしれない。理不尽な現実に対してやり場のない怒りを感じることは特別なことではなく、心のなかに閉じ込めなくてもいい。

とはいえ、怒りは人を遠ざけ、トラブルに発展する可能性もある。親を亡くした子どもの場合では、死を前にした無力感や怒りの感情が攻撃的な言動や非行という形で現れることもある。簡単なことではないが、信頼できる人に怒りの気持ちを聞いてもらったり、気晴らしをしたりするなど、怒りを自分なりにコントロールできるように対処することが望ましい。

許される範囲で、大声をあげたり、物を投げたり、クッションを叩いたりなど、怒りを身体で表現することでも緊張が少しほぐれるかもしれない。

あせらなくていい

似たような喪失であっても、衝撃や深刻さの程度は人によって大きく異なる。受けとめるのに必要な時間にも個人差があり、いつまでに立ち直らなければならないというタイムリミットはない。特に予期せぬ突然の喪失や、きわめて深刻な喪失など、受け入れがたい現実に向き合うことは容易ではなく、それ相応の時間がかかることは自明である。

母親との死別、いわゆる「母ロス」がマスメディアなどで注目された2014年当時、『週刊朝日』が実施したウェブ調査の結果によると、母を亡くした40代以上の女性500人のうち、半年後までに悲しみから回復したと思えた人は4割強に過ぎなかった。そして、3人に1人は「悲しみは自分が死ぬまで続くと思う」と回答しており、精神的な影響が長期に及ぶ可能性が示唆されている。

自分がふがいなく思えても、決してあせることはない。何も考えられなくていいし、くよくよしてもかまわない。喪失のショックが長引くのは自分のせいではなく、それだけ大きな喪失を経験したということである。みずからの気持ちを封じてまで、急いでしっかりしようと努めなくてもいい。自分の気持ちを無理に抑え込んでしまうことは、結果的に身体や心に悪い影響を及ぼす可能性がある。立ち直りには予想以上に時間が必要であることを、本人やまわりの人も知ることが大切である。

死別の場合には、遺品の整理に逡巡する遺族の声がしばしば聞かれる。特に故人の記憶や思い出に直結する写真類、故人の趣味の品、洋服類は処分しにくいようである。夫を亡くした70代の女性は、「他人から見ればゴミかもしれないけど、なんとなく捨てられない」と、亡くなってから3年間は全部そのままにしていた。服や小物などを息子が使うと言ってくれたときは嬉しかったという。

遺骨を手放せず、自宅で保管し、納骨せぬままの遺族もいる。「主人の骨は家に置いたままにしている。自分が死んだときに一緒にして欲しい」という声は珍しくない。形ある故人の存在として、遺骨にこだわる気持ちも理解できる。納骨しなければならないという法的な義務があるわけではなく、いつまでに納骨すべきという仏教的な根拠があるわけでもない。遺品や遺骨をどのように扱うのかは、人それぞれであってかまわない。決して周囲から強制されるべきものではなく、自分の気持ちと相談しながら時間をかけて判断すればよい。

聖路加国際病院名誉院長の日野原重明先生は、２０１７年7月に１０５年と9カ月の生涯を閉じられた。クリスチャンであった日野原先生は、「神は越えられない苦しみは与えられない。そしてそのなかで逃れる道を与えてくださる」という聖書の言葉を紹介したうえで、次のように述べている。

「あなたは今悲しみの真っ只中にいて、一生自分は笑うことがないと思っているかもしれません。でも僕達人間には、時間がかかっても必ず悲しみを乗り越える力が備わっています。綺麗な花を見たり、素晴らしい音楽を聞いたり、友達と心が通じ合えたり、そんな癒やしの恵みを味わうことで、生きていてよかったなと思える瞬間が必ずやってきます。その時を信じて待つのです」

人一倍長い人生のなかで、病気のみならず戦争や災害、不慮の事故などによる受け入れがたい死にもたくさん遭遇し、最愛の妻も亡くされた日野原先生のメッセージは力強く感じられる。

落ち込むことは必ずしも忌むべき行為ではない。その時間は、これまでの生活や人生を振り返り、今後の生き方を見つめなおす機会でもある。大きな喪失体験は人生の岐路であり、そこから力強く歩んでいくためには、しばらく立ちどまることも必要なことかもしれない。

自分をゆるす

大切な何かを失ったあと、自分が「したこと」「しなかったこと」への後悔があり、自分を責めて、つらい日々を送っている人もいるだろう。どんなに後悔しても、過去にさかのぼって変えられないことを私たちは知っている。にもかかわらず、後悔せずにはいられない。後悔や自責の念は、自分でコントロールすることが難しいゆえに苦しい。日常的に経験する後悔はいつのまにか忘れていくことも多いが、重大な喪失にともなう後悔は長く続きがちである。

妻を突然に亡くした40代の男性は、遺族会の情報誌のなかで、「妻にもっと出来ることがあったのに、なぜ実行しなかったのかという自責の念と、世の中の不条理さに対する怒り、何も伝えられずに別れてしまったことへの怒りとも悲しみともつかない感情が入り乱れていました」と述懐している。

後悔とは、過去の行為を解釈することである。みずからの意図的あるいは非意図的な行為に対して激しく後悔している場合、起こってしまったことをあたかも事前に予測することができ、自分が他の選択をできたかのように感じがちである。このように事後的に、それが予測可能であったと考えてしまう心理は、「後知恵バイアス」とよばれる。こうした後知恵バイアスによる結果論的な思考は誰もが陥りがちで、そのことをまずは認識する必要がある。

後知恵バイアスによる不当な評価によって、過度に自分を責めたり、他者から傷つけられたりするべきではない。実のところ当時の選択は、やむをえない事情も含めて、おかれた状況や立場では、そのときの最善の選択や行動だったのではないだろうか。少なくとも、その選択や行動が後悔につながるという完全な予測は、その時点では困難であったはずである。

日々の生活や人生は、選択のくり返しである。昼食のメニューから人生のパートナーまで、とっさの思いつきもあれば、大きな決心をともなう選択もある。自分や相手にとってよかれと思った選択が、悪い結果になってしまうこともよくある。望ましい結果を常に正確に予測し、後悔しない選択や行動をとり続けることなどできない。かりに自分の不注意で間違った選択をしたとしても、そもそも失敗をしない人間はいない。自分を責める気持ちは簡単には消えないとしても、それまでの自分の頑張りを認め、自分を少しゆるしてもいいのではないだろうか。

特定の対象に罪の意識を感じるあまり、楽しみを断つという禁欲生活を送る人や、自分を傷つけてしまう人もいる。これは「自己懲罰による償い」であり、罪悪感への対処法の一つであるが、自分を苦しめる行為は決して相手の望むものではないだろう。

人に頼ってみる

喪失によって立場や環境が変わると、周囲の人との関係性が変化し、疎遠になってしまうことも少なくない。その一方で、これまでと変わらずに接してくれる人もいるだろう。危機的な状況のなかで、自分を気遣い、支えてくれる人たちの存在は大きな力になる。家族や信頼できる人がそばにいてくれるだけでも、心の重荷が少し軽くなるかもしれない。「自分はひとりではないんだと感じた」「人のやさしさをあらためて知った」など、他者への親密感や信頼感がより強くなることもある。

とはいえ、人と関わりたくないという気持ちや、まわりに迷惑をかけたくないという思いも理解できる。特に喪失後まもなくは誰とも会いたくないし、話もしたくないかもしれない。こうした思いや気持ちは尊重されるべきであり、ひとりの時間も大切である。ただ、時間が経つにつれ、徐々に周囲とのあいだに距離ができ、孤立してしまうこともありうる。

夫を亡くし、娘から同居を誘われているという70代の女性は、「子どもに気を遣わせて申し訳なく思っている」「元気かと聞かれたら、しんどくても元気だと答えている」と話された。娘側の思いは想像するしかないが、父親を亡くし、ひとり残された高齢の母親が気がかりで、できるだけのことをしてあげたいというのが率直な気持ちであろう。

もしまわりの人が力になってくれるようであれば、厚意に少し甘えてみるのもいいし、自分から信頼できる人に頼ってみるのもいいだろう。まわりの人たちは心のなかでは何か助けになりたいと思ってはいても、どう関わっていいのかわからずにいることもある。自分がして欲しいこと、今必要なことを、具体的かつ正直に言うことが望ましい。素直に話してみると、思いもよらぬ支えになってくれるかもしれない。

誰かに頼ることは決して悪いことではない。そもそも生まれてから、人の世話にならずに生きてきた人などいない。つらい思いをしている人の力になれることは、周囲の人にとっても嬉しいことである。相手のことを気遣って、過度に遠慮する必要はない。誰かに力になってもらえたのであれば、「すみません」と恐縮するのではなく、「ありがとう」と感謝の気持ちを伝えるのが好ましい。後ろめたさを感じるなら、別の機会に自分がその人や他の誰かの力になればよいであろう。

残念ながら、ときにはまわりの人のなにげない言葉や態度によって、不快な思いをさせられることもある。たとえば、「あなたはまだマシですよ」と、他者の経験と比較し、喪失の重みをやわらげようとする試みがなされる。あるいは「あきらめるしか仕方がない」「今を生きるしかない」と現実を突きつけてくる人もいる。もちろんこのような言葉をどう捉えるかは人によって異なるが、不快に感じる人も多い。ここで問題なのは、やっかいなことにその人たちに悪意はなく、多くの場合、悲しんでいる人を慰めたり励ましたりしようと、むしろ善意から無自覚にそのような言葉をかけたり態度を取っていたりするのである。もしそのような人たちに出会ったなら、彼らの言葉や態度にあまり神経質にならずに、やり過ごすことが賢明である。

身体を休める

重大な喪失は心だけでなく、身体にも影響を及ぼす。心身相関といわれるように、心と身体は互いに関係しており、いくら気持ちで頑張ろうと思っても、身体の調子が悪ければなかなか気力もわいてこない。身体の調子や生活リズムを取り戻すことが、気持ちを整理する近道になるかもしれない。

身体のためには十分な睡眠と栄養のある食事が大切である。なかなか寝付けないことも多いだろうが、ともかく横になって身体をゆっくり休めることが大事である。寝付きが悪い、眠りが浅い、途中で何度も目が覚める、朝早く目が覚めるなど睡眠リズムが乱れているようなら病院を受診するのもいい。

食欲もわかないだろうが、栄養のある食事を規則正しくとることは、心の回復にも重要である。特に生活環境が大きく変化した場合など、どうしてもリズムが狂って、食事を抜いたり栄養が偏ったりと、食生活は悪化する傾向がある。食生活の改善が理想ではあるが、食べること自体難しいときには、まずは口にしやすいものだけでもかまわない。

喪失のつらさを紛らわすために、飲酒や喫煙が以前よりも大幅に増える人もいるが、当然のことながら過度の摂取は身体の健康を脅かす。飲酒や喫煙には、依存しやすいという性質もある。特にひとりでの飲酒は控えたほうがいいかもしれない。

仕事や趣味などに没頭して気を紛らわす人もいるが、過度になれば、消耗している心身にさらなる負荷をかけることにもなる。こうした行動の背景には、「自分はもうどうなってもかまわない」という自己破壊的な心理が働いている可能性もある。

体調が良好なときには、少し身体を動かしてみるのもいい。身体を動かすことで、血行がよくなり、身体の緊張がほぐれ、心も解放される。不眠が解消したり、食欲が増進したりする効果も期待できる。簡単な体操や散歩など、まずは無理のない範囲で行うのが望ましい。

呼吸法も、苦痛やストレスへの対処法の一つとして挙げられる。呼吸法には、心身の緊張をやわらげる効果があり、定期的に実践することによって、睡眠、食欲、身体機能を改善し、気力も出てくるという。米国の国立PTSDセンターと国立子どもトラウマティックストレス・ネットワークによって作成された『サイコロジカル・ファーストエイド―実施の手引き第2版』では、次のような基本的な呼吸法が紹介されており、試してみるのもいいだろう。

1　鼻からゆっくり息を吸ってください――ひとつ、ふたつ、みっつ――肺からお腹まで、気持ちよく空気で満たします。
2　静かにやさしく、「私のからだは穏やかに満たされています」と自分に語りかけましょう。今度は口からゆっくり息をはきます――ひとつ、ふたつ、みっつ――肺からお腹まで、すっかり息をはききりましょう。
3　静かにやさしく、「私のからだはほぐれていきます」と自分に語りかけます。
4　ゆったりとした気持ちで、5回繰り返しましょう。
5　必要に応じて、日中に何度でも繰り返してください。

あきらめるとみえてくる

「妻がいないことが現実として受けとめられない。世界が変わってしまったような……」

こう話すのは、突然に妻を亡くし、心の準備がまったくできていなかったという60代の男性である。死別した当時、妻がいなくなって浦島太郎が帰ってきたような、今までとは全然違う別世界にいる感じがしたという。この世界を外から眺めているかのような気もしたとのことである。

突如として重大な喪失に直面したとき、ショック状態に陥り、現実を受けとめきれず、自分に起こっていることがピンとこない感覚になることがある。人によっては、現実に起きたことを信じなかったり、その出来事があった事実を否定しようとしたりすることもある。

ショック症状や否認は、無意識的に起こる健全な防衛反応であり、精神的な危機のなかで、現実に押しつぶされそうな心を守る緩衝材である。喪失に遭遇した直後のこのような反応は、現実が理解できるようになるまで数日続くかもしれない。

失ったものが大きければ大きいほど、その現実を受け入れるには時間がかかる。喪失の事実について頭では理解できても、認めたくないとの思いが強く、みずからの気持ちとして受け入れがたいこともある。知的にだけでなく、情緒的にも喪失を受け入れるのにはかなりの時間を要することがあり、すぐに受け入れられなくてもかまわない。また、どれだけ時間が経っても、完全には受け入れきれないという人もいるだろう。

起こってしまった現実は変えることができない。失ったものを取り戻せる場合もあるが、いかに努力しようとも取り戻せない不可逆的な喪失も多い。現実を受け入れることはつらい作業であり、決して簡単ではないが、しっかり直視することで、みずからの人生においてまだ失っていないものや、これから変えることのできるもの、失うことを通して与えられたものがみえてくるかもしれない。

社会心理学者の相川充氏はみずからの喪失体験を綴った著書のなかで、妻を亡くしたあと、「あきらめる」ことを学ぶことによって、気持ちに変化が生じ、新たな希望も芽生えたと述べている。「あきらめる」という言葉には、否定的な響きがある。力が及ばず、くじけて、途中で投げ出しそうな場面で、「簡単にあきらめるな」「決してあきらめない」などと使われる。一般的に、「あきらめる」より「あきらめない」ほうが美徳と考えられがちかもしれないが、「あきらめが肝心」という言い方もある。

「あきらめる」の語源は、「あきらむ（明らむ）」であり、道理を明らかにするというのが本来の意味であり、断念や放棄という否定的な意味合いだけを含むわけではない。相川氏が考える「あきらめる」とは、人生そのものを捨てるのではなく、自分にできることとできないことを区別して、できないことをやめること、あるいは人間の力ではどうしようもないことがあるという事実を認めて、過去や将来について思い煩わず、目の前に全力を傾けることだという。あきらめることは、人生に対して卑屈になるのではなく、思い通りにならない現実を認めつつ、そのうえで主体的に生きることである。

作家の遠藤周作氏は、老人は自分の「老い」を「老い」として受け入れ、そのうえでの生き方を考えるべきだとして、良寛の「死ぬ時は死ぬがよし」という言葉に倣い、「老いる時は老いるがよし」と述べている。このことは本書で扱う喪失にも通ずるものであり、彼らに倣えば、「失う時は失うがよし」ともいえるかもしれないが、とうていそうは思えない喪失もあるだろう。

気持ちを言葉にする

そもそも自分の気持ちを言葉にすることは簡単なことではない。重大な喪失によって生じる複雑に入り交じった感情や思いは、まさに「言葉にできない苦しみ」である。言葉にできない苦しみを表現するには、それなりの時間が必要であり、ときにはかなりの長丁場になることもある。

重大な喪失への向き合い方として、信頼できる人に自分の気持ちを聞いてもらうことで、ある程度考えを整理できることがある。当然、話題の性質上、よき聞き手の存在が欠かせないため、話す相手を慎重に選ぶことが大切である。

しかし、相手に何らかの反応を期待することが気持ちを話す第一の目的ではない。人に語ることの意味は、みずからの気持ちに対して距離を取ってみつめなおせることにある。気持ちの吐露は、ときにつらい作業であり、決して強制されるべきものではないが、語ることを通して得られる気づきはたしかにあるように思われる。

誰かに気持ちを聞いてもらうこと以外に、日記やノートに気持ちを書き留めることも一つの方法である。ひとりで自分自身と静かに向き合うことで、気持ちを少しでも軽くしたり、整理したりすることができるかもしれない。死別の場合には、亡き人に手紙を書くこともいいだろう。最近では、SNS上に自分の気持ちを書き表す人もいる。気持ちを文字にすることを通して、喪失にともなう混沌とした感情や思いをときほぐし、気持ちは徐々に整理されていくかもしれない。また、自分が書いたものを、しばらく時間が経ってから読み返してみると、みずからの気持ちの変遷や頑張りを再確認できることもある。

話したり書いたりする以外にも、詩を作ったり、絵画を制作したりすることなども気持ちを表現する有効な手段である。筆舌に尽くしがたい思いも、作品に落とし込むことができるかもしれない。日本では古来、亡くなった人の死を悼む挽歌が詠まれており、日本最古の和歌集とされる『万葉集』にも多くの挽歌が収録されている。たとえば「葦辺《あしへ》ゆく　雁《かり》の翅《つばさ》を　見るごとに　君が佩《お》ばしし投箭《なげや》し思ほゆ」（巻13の3345番　作者不明）は、葦の生えている水辺を飛ぶ雁たちの羽を見るたびに亡き人が身につけていた矢を思い出すという、残された者の切実な思いが表現されている。

表現する方法は何であってもかまわない。気持ちを表現すること自体、すなわち自分の気持ちと対話することにこそ意味がある。

以前、遺族支援の活動の一環として、ゼミの学生と一緒に、『葉っぱのフレディ』という絵本をモチーフに、遺族が気持ちを表現するためのワークシートを作成した。このワークシートは、死にゆく者を「散りゆくはっぱ」、残される者を「見送るはっぱ」に見立てて、死別当時や現在の心境を、それぞれの立場になって書き込んでもらう形式となっている。葬儀社の協力を得てワークシートに取り組んでくれる方を募ったところ、7人の遺族が活動の趣旨に賛同し、それぞれの思いを綴ってくださった。

亡き人から自分に宛てられたメッセージとして記入されたものの一部を紹介する。

「俺は先に行くけど、泣かずに君らしく生きていけ。君はいつも笑顔で、やりたいことをやったらいいよ」

「君のせいじゃないよ。今までありがとう。みんなのことは空から見守っています」

そして、自分から亡き人へのメッセージとして記入されたものの一部は次の通りである。

「あなたが私にとってどんなに大切な存在だったか気づくのが遅くてごめんなさい。あなたへの感謝の気持ちは言葉で言い尽くせないくらい……。今まで頑張って、私たちを守ってくれて本当にありがとう」

「どんなに時間がたっても、寂しさは消えることはないでしょう。それだけ、あなたが充実した時間を与えてくれたのだと思います。でも、私が泣くことをとても嫌がったあなただから、楽しみをみつけながら、笑顔で生きていくからね」

なお学生たちのアイデアにより、本人の了解を得て、7人の遺族一人ひとりの大切な物語は集約され、写真と音楽をつけて、一つの映像作品に仕上げられた。この映像作品は、より多くの遺族にとって、悲しみと向き合うきっかけやヒントになればと考え、制作されたものである。インターネット上で公開しており、「はっぱの物語、関学」で検索すれば見ることができる（https://www.youtube.com/watch?v=MxpOjGHWEuU）。

思い出を大切にする

何らかのきっかけによって、失われた人や物などに関する過去の記憶が思い起こされ、強い悲しみやつらさに襲われることがある。夫を亡くした60代の女性は、「一緒に入ったお店を見かけると、どうしても当時のことを思い出すので、街を歩くのがつらい。主人を思い出させるものをなるべく避けて、この１年を過ごしてきたように思う」と話されていた。

一方で、喪失体験において想起されるのは悲しい記憶ばかりではない。心理学者のボナーノによると、強い悲嘆のさなかであっても人は肯定的な記憶を思い起こす能力があり、良き思い出に頼って心の平穏を保つことで、喪失の苦痛に立ち向かうことができるという。そして、肯定的な記憶と否定的な記憶のあいだをゆれ動きながら徐々に苦痛から解放され、時間の経過とともに自分を取り戻していくことができると論じている。ノーベル医学・生理学賞を受賞した利根川進氏らの研究では、マウスを用いた実験において、脳内の過去の楽しい記憶を活性化させることで、うつの症状が改善されたとの結果が報告されている。

たしかに死別の場合でいえば、亡き人との思い出は、残された者の心の拠り所にもなりうる。英国教会の神学者であるヘンリー・スコット・ホランドの一編の詩を書籍化した『さよならのあとで』(夏葉社、2012年)と題する本がある。その本の「あとがきにかえて」に、次のような言葉がある。

私はもう二度と立ち直れないのではないか。
何度も、何度も、そう思います。
けれど、私たちは思い出すことができます。
その人のいた場所や、いつも座っていた椅子、読んでいた本、ずっと履いていた靴、微笑み、くしゃみ、声、指の先。

その人がどれだけ私のことを愛してくれていたのか。

そのことに思いをはせたとき、私たちは、再び、ゆっくりと立ち上がることができるのだと思います。

死によって故人の目に見える姿は失われたとしても、故人との関係のすべてが失われたわけではない。ともに過ごした日々の記憶を通して、故人の存在を身近に感じることができる。故人の写真をアルバムに整理したり、思い出の品を集めたボックスを作ったりする人もいる。誰もが心地よい記憶を思い出せるとは限らないが、故人が自分に与えてくれた愛情を思い返せば、温かい気持ちを抱くことができるのではないだろうか。故人の生前を知る人や信頼できる人と、故人の思い出を共有することもいいだろう。日々の生活のなかで、故人の思い出に浸る時間も大切である。

喪失の衝撃があまりに大きい場合には、過去の記憶全体がつらい思い出で覆われているかもしれない。楽しい思い出なんて、すぐには浮かんでこないという人もいるにちがいない。しかし、過去の楽しい記憶を少しずつでも思い返すことは、つらい気持ちの改善につながっていくだろう。人と話をしたり文字で書いたりするなかで、良い思い出が思いがけず蘇ってくることもある。

後ろ向きのままでもいい

重大な喪失は、これまでの平穏な生活を一変させるかもしれない。失われたものの存在や役割が大きければ大きいほど、今まで通りの生活を取り戻すことは難しくなりがちである。以前と同じにはならないとしても、家事や趣味、仕事や勉学など、自分がこれまで営んできた日常の生活を少しずつでも取り戻すことが大切である。生活のリズムを安定させることが、心の平穏にもつながるであろう。

川本三郎氏は、35年連れ添った妻を亡くした後の生活を綴った著書『そして、人生はつづく』のあとがきのなかで、「悲劇の大きさを知れば知るほど日々の『平安』が大事に思えてくる」と述べている。そして、「毎日を普通に生きること。なんとかいままでどおりに暮してゆくこと」で、「家内亡きあとの日々をやり過してきたように思う」と、これまでの歩みを振り返っている。

夫が亡くなって「えも言われぬさみしさ」を感じるという60代の女性も、先のことはあまり考えずに、習いごとに出かけたり、花の手入れをしたり、歯医者に行ったりなど、目の前の用事をこなしながら日々の生活を送っているという。

重大な喪失を経験し、心機一転、新たな生活や人生の一歩を踏み出すのは悪いことではない。ただ、喪失後まもなくは、物事に集中することや論理的な思考が難しく、冷静な判断ができない恐れがある。転居や転職、財産の処分など大きな意思決定は、しばらくのあいだは控えたほうが無難である。急いでことを起こすことによって、新たな苦悩を生じさせる可能性もある。もちろん喪失の状況によっては、素早い決断や行動が求められることもあるだろう。その場合でも、自分ひとりで性急にことを進めるのではなく、人に相談しながら可能な限り時間をかけるようにしたほうがいいだろう。

また、夫を亡くした60代の女性は、「まわりの人から、前を向いたらいい、前向きに生活したらいいって言われたけど、どれが前向きなのって思った」と当時の正直な気持ちを話してくれた。

しばしば人生を前向きに生きることは大切であるといわれる。何事にも積極的であることは長い目でみたときには望ましいのかもしれないが、いつも急いで前へと動かなくてもいいのではないだろうか。

9歳で失明し、18歳で聴力も失った盲ろう者である東京大学教授の福島智氏は、もし自分が後ろを向いてしまったなと思ったら、進むべき方向がはっきりするまで、あるいは進むためのエネルギーが満ちてくるまで、へたに動かず、そこでじっと待つことにしているという。さらに、どうしても前に進めないときには、「後ろ向きになったまま、後ずさりする」ことを意識しているとも述べている。

前向きになることにこだわらず、後ろ向きのままでも、自分自身をだましだまししながら、日々の生活のなかで今の自分にできることをこなしていくうちに、結果的に少し前進していることもある。先ほどの女性は、1年間は泣いて暮らしたというが、時間が経つにつれ、少しずつ色々なことが考えられるようになってきたとのことであった。

自分のための時間をつくる

喪失のショックが大きい場合、趣味や習いごとなど以前は楽しんでいた活動を楽しむことができない、何も楽しめないという思いがしばらく続くかもしれない。人生がふたたび楽しくなることなど絶対にないように感じることさえある。

畑を借りて野菜や花を育てるのが趣味だったという60代の男性は、妻を亡くしたあと、畑を借りるのをやめたという。野菜を食べてくれる人、花を飾ってくれる人がいないので、もう楽しめないと話していた。

死別した人のなかには、「自分は何も楽しんではいけない」「元気になったら申し訳ない」という人もいる。死を嘆き悲しみ、苦しむことが、亡き人に対する愛情の証であり、楽しみを持つことに罪悪感や後ろめたさを抱いてしまうのである。一方で、自分が楽しみを持つことが、亡き人の供養になると考える人もいる。

夫を亡くして現在は一人暮らしの70代の女性は、娘から「あとに何も残さなくてもいいから、好きなものを買ったり、食べたり、旅行に行ったり、好きなことをしてね」と言ってもらったそうだが、しばらくは何も楽しめないと感じていた。夫の死から約3年が経った今は、自分が健康で毎日を楽しむことが主人への供養だと考え、色々なことを楽しもうと思っているという。

なかなかその気にはならないかもしれないが、一日のうちわずかでも、自分の好きなことをする時間をつくってみるのがいいだろう。好きな音楽を聴く、ショッピングを楽しむ、美味しいものを食べに行く、ガーデニングをするなど、自分が気軽に楽しめることをやってみる。気が向いたときに散歩に出かけて、ひとりでぶらぶら歩いてみるのもおすすめである。

以前は仕事人間だったという70代の男性は、定年退職し、妻を亡くしたあと、家のなかでこもりっきりになるとつらくなるから、カラオケやゲートボールなどで外に出かけるようにしているという。今までは仕事仲間ばかりとつきあってきたが、全然知らない人と新たに親しくなるのも楽しいし、孫と遊ぶことも楽しみで、今は遊ぶことばかり考えているそうである。「今の人生は計算に入れたことのない時間だけど、こんな人生もありだと思えてきた」と話されていた。

重大な喪失によって傷つき、張りつめた心を癒やすためには、たとえわずかな時間であったとしても、生活のなかに楽しんだり、ほっとしたりできる自分のためのひとときをつくることが大切である。言い換えれば、つらい気持ちから一時的に離れる機会を持つことが大事であり、深い悲しみから一歩抜け出す糸口になりうる。趣味や習いごとなどをすれば、そこに集う人たちと交流ができる。仲間の支えは、人生のこれからの歩みにおいてかけがえのない力になるであろう。

やるべきことリストが助けになる

喪失によって、悲嘆とは別に、日常の小さなことや複雑な手続きなど大小さまざまな生活上の困難が生じることがある。

たとえば家族の一人が病気で入院した場合には、今までその人が担っていた役割を、誰かが代わりに果たさざるをえなくなる。食事を作る、買い物に行く、子どもの面倒をみる、ペットの餌やりや散歩をするといった日常的なことが、他の家族成員にとって大きな重荷となることもある。あるいは家族の一人が死亡したあとは、相続や年金、保険金などに関わる煩雑な諸手続きが、過重な負担となることもある。災害で家が損壊したときには、住居の確保や、公的支援などの手続きなどもしなければならない。

精神的にもつらい時期に、こうした多岐にわたる生活上の困難を前にして、現実に押しつぶされそうになることもある。どこから手をつけていいのかわからず、途方に暮れるかもしれない。

まずは、自分がこれからやるべきことのリストを作るところから始めるのがいいだろう。今、直面している困難や対応すべき課題を一つ一つ書き出していく。そのうえで早急に対処すべき問題から、優先的に取りかかっていくことが望ましい。もちろん同時並行で取り組まざるをえないものもあるだろうが、何もかも完璧にこなす必要はない。心身ともに疲弊しているなかで、十分に手が回らないのは仕方のないことである。

自分だけでは手に負えないような困難に対しては、ひとりで抱え込まないことが肝要である。家族や友人などに、何をしてもらいたいかを具体的に伝えることが大切である。ときに慰めや励ましよりも、問題解決のための支援のほうが助かる場合がある。必要な情報や支援を得るために、行政の窓口に相談するのもいいだろう。

物事の良い側面に目を向ける

大切な何かが失われたという事実に愕然とし、それ以上のことは何も考えられなくなることもあるだろう。しかし、その出来事自体や周辺の肯定的な側面に目を向けることで、事実は変えられないとしても、喪失の苦痛がやわらぐこともある。

ホスピスで亡くなった患者の遺族には、「安らかな最期を迎えることができたこと」や「自分が最後までできる限りのお世話をできたこと」が良かったという人が少なくない。他方、病気や事故で突然に家族を失った人のなかには、「最後に苦しまなかったのがせめてもの救い」と話す人もいる。このように耐えがたい体験のあとで、その出来事を異なる角度から捉えなおすことは一つの有効な向き合い方である。

もちろん良いと思える側面などまったく見当たらない場合もある。精神的な衝撃が大きく、まだまだつらく悲しい時期には、記憶を辿ることさえ難しいかもしれない。

人には、「気分一致効果」とよばれる心理作用があり、良い気分のときには人や物事のいい面がみえやすくなるのに対して、不快な気分のときには逆に悪い面がみえやすくなるといわれている。記憶も同様で、不快な気分ではつらかった記憶ばかりが生起される傾向がある。簡単なことではないだろうが、肯定的な側面をあえて意識して、振り返ってみるのもいいだろう。

喪失後は当然、失われたものに意識が向きがちである。しかし、自分の死を除けば、人生のすべてが失われたわけではない。中途障害者の障害受容に関する古典的理論として、1950年代に心理学者のタマラ・デンボーらが提唱した価値転換論が知られている。そのなかで価値転換の一つとして、失われた価値のほかに、いくつもの異なる価値が存在することを知り、それらを自分が依然として保持していると認識する「価値の視野の拡大」が提唱されている。つまり、「自分が何を失ったのか」ではなく「自分には何が残っているのか」に目を向けることが大切であるという。

喪失体験は、何かを失うだけではない。「失《う》す」の対義語は「得《う》る」であり、何かを失うことと何かを得ることは表裏の関係にある。前でも触れたが、結婚や進学などのいい出来事や変化にも必然的に喪失がともなうように、人生で最悪の出来事であっても失うばかりではない。つらい体験だったが周囲の人のやさしさに触れ、「自分はひとりではないんだ」という気づきを得た人もいれば、以前のような健康な身体ではなくなったけれど、生きていることの喜びを深く感じられるようになった人もいる。喪失がなければ接することのなかった人との出会いもあるかもしれない。

肯定的な側面に目を向けることは、その出来事自体を肯定するわけでは決してない。肯定的な側面があろうがなかろうが、当事者にとってつらい出来事であることに変わりはない。肯定的な側面を見つけようとすることは、耐えがたい喪失の苦しみを、少しでも耐えられるようにするための新たな視点を生み出すことである。つまり、絶望の暗闇のなかに、「せめてもの救い」となるような光を探し求めることであるといえる。

体験者同士でつながる

喪失は、多くの人が経験する可能性がある一方で、一人ひとり異なる個別性の高い体験である。同じような喪失体験であったとしても、対象との関係性や状況により、受けとめ方や向き合い方は違う。厳密にいえば一人として同じ体験はない。とはいえ、類似した喪失体験のなかには、相通ずる部分も必ずある。実際、同じような喪失体験をした者同士であれば、多くを語らずとも互いの苦しみがわかるということもあるだろう。

重大な喪失を経験した体験者同士がつながり、体験を分かち合うことは、決して後ろ向きの作業ではない。他者の体験を知ることで、勇気づけられたり、生きる力やヒントを得られたりすることもある。必要な情報を交換することで、目の前の困難に対する具体的な解決策を見いだせるかもしれない。何よりも同様の体験で苦しむ仲間との出会いは、これまでひとりで悶々と苦しんできた人にとっては、とても心強く、孤独感を癒やしてくれる。

同じような喪失体験者が身近にいれば、その個人とのつながりを大切にするのはいいことである。さまざまな喪失に関して体験者同士を結びつける活動も展開されている。同じような体験者が身近にいない場合や、身近にいても個人的な話はしにくい場合などは、そうした活動に参加してみるのも一案である。

たとえば「ともいき京都」は、がん体験者とその家族らを対象とした活動である。彼らが日頃の思いや悩みを語り、生きる力を育み、支え合う場として、がん看護専門看護師である京都大学大学院教授の田村恵子氏を代表として、２０１５年７月より京町家を借りて活動している。彼らが提唱する生きる力には、治療中の食事のことや足のむくみへの対処法など生活の工夫だけでなく、「死とどう向き合うのか」や「これからどう生きるのか」なども含まれるという。このような問いには一つの答えがあるわけではなく、自分だけではすぐに答えが見つからないかもしれない。田村氏は、参加者同士の対話の重要性を強調し、他の人の知恵を借りながら、自分の答えをみつけたり、それまでの答えや問いそのものを書き換えたりすることができると述べている。

また、古部真由美氏が代表世話人を務める「まるっと西日本」は、東日本大震災県外避難者の支援団体である。大阪に拠点を置き、メールニュースの配信や情報誌の発行など、県外避難者への情報提供を中心とした活動を行っている。古部氏自身も県外避難者であり、避難先では周囲の人になかなか気持ちをわかってもらえず、個人情報保護が壁となって、同じ境遇の人とつながることも難しかったという。新聞記事のなかで、「情報発信することで、避難者同士でつながることができたら」と話している。情報誌では、支援情報やふるさとのニュースだけでなく、関西各地での避難者の交流会の様子なども紹介されている。こうした活動は、孤立しがちな県外避難者同士がつながる懸け橋として意義深いものである。

「つらい」という言葉は、「つらなし（連無）」が語源であり、同伴の者がおらず、苦しい心境が元の意味であるという。喪失体験の苦難や苦悩を分かち合える仲間とつながることで、体験者一人ひとりの言い知れぬつらさが軽減されるかもしれない。

相談サービスを利用してみる

深刻な精神的つらさを抱え、日常生活にもかなり支障が出ている場合には、精神科医や心療内科医、カウンセラーなど、心のケアの専門家に頼ってみるのも一つの方法である。経験した喪失によっては、家族や友人・知人などいくら親しい人であっても、あるいは身近な人だからこそ、ありのままを話しにくい場合がある。相談機関には守秘義務があるので、打ち明けられた個人的な情報は決して口外されることはなく、プライバシーも厳守されるため、安心して話すことができる。

精神科やカウンセリングは、馴染みのない人にとっては未知の世界であり、不安や抵抗感もあるだろう。「どこに行けばよいかわからない」「どれくらい費用がかかるのか心配」という人や、そもそも自分は受診する必要があるのかどうかがわからず、利用を躊躇する人も多い。もし専門家への受診を迷っているならば、地域の精神保健福祉センターや保健所などに心の問題に関する相談窓口が開設されているので、まずはそこを訪ねてみるのもいいだろう。また、電話相談を行っているところもある。同じような体験をした人から情報を集めてみるのも有効である。

専門家に相談したからといって、状況がすぐによくなるわけではないかもしれない。とはいえ、話をじっくりと聞いてもらったり、精神科であれば薬を処方してもらったりすることで、少しずつ気持ちが楽になっていくことが期待される。どうしてもよく眠れないときには、睡眠薬の力を借りることで、生活のリズムを少しでも取り戻すことができるであろう。もちろん薬の力だけでつらさが解決するわけではないが、日常生活を楽にし、これからを生きていこうとする意欲やエネルギーを与えてくれるかもしれない。

心の相談サービスだけではなく、今直面している具体的な問題の解決のために利用できるサービスもある。喪失にともなって生じた日常生活上の問題や法律問題などには、ソーシャルワーカーや司法書士・弁護士など、その分野の専門家の支援を積極的に活用するのがいいだろう。

求められるグリーフケア

重大な喪失に直面し、大きな悲嘆を抱えている人々への援助や支援は、「グリーフケア」とよばれる。「グリーフケア」は、死別した人への支援を意味する言葉として遺族ケアや死別ケアと同義的に使われているが、グリーフ（悲嘆）は死別を含む喪失全般に対する反応であり、本来、グリーフケアは死別悲嘆へのケアだけを意味するわけではない。また「グリーフ＝悲しみ」という連想から、「心のケア」の印象が強いかもしれないが、その限りではない。

グリーフケアに関する厳密な定義は必ずしも定まっていないが、喪失後の心理的な適応過程を促進するとともに、喪失にともなう諸々の負担や困難を軽減するために行われる包括的な支援と捉えることができる。

死別の場合、グリーフケアの必要性は、予防医学的な観点から論じられている。死別にともなう悲嘆は基本的に正常な反応であるものの、ときに複雑性悲嘆や、精神疾患および身体疾患、自殺、死亡につながる危険性を孕んでいることが従来の疫学研究で報告されている。それゆえ、このようなリスクの低減を図るため、元の正常な心身の機能を回復させることが援助目標となる。加えて、死別後の生活や人生への適応という観点からも、グリーフケアの必要性が示されている。死別後に対処すべき課題は、大切な人の死そのものをどう受けとめるのかという問題だけではない。現実生活の困難や今後の人生設計など、大切な人の亡きあとのこれからの生活や人生をどう立て直していくかという課題にも遺族は直面する。必要に応じて、生活上の困難に対する問題解決的な支援も求められる。以上のような死別場面でのグリーフケアの必要性は、他の重大な喪失に直面した場合でも共通するところは大きいと考えられる。

では、身近な人が重大な喪失に直面したときに、周囲の人はどのように力になることができるだろうか？　まずは、『くまとやまねこ』（河出書房新社、２００８年）という絵本の一部を紹介したい。


なかよしのことりが死んでしまったあと、くまは、小さな箱を作り、花びらをしきつめ、ことりをいれました。

いつも、どこへいくにも、くまはことりをいれたその箱を　もってあるくようになりました。

森のどうぶつたちが、たずねます。

「おや、くまくん。すてきな箱をもってるじゃないか。いったいなにが、はいってるの？」

けれど、くまが箱をあけると、みんなこまった顔をしてだまってしまいます。

それから、きまっていうのでした。

「くまくん、ことりはもうかえってこないんだ。つらいだろうけど、わすれなくちゃ」

くまは　じぶんの家のとびらに、なかから　かぎをかけました。

（中略）

やがて出会ったやまねこは、箱のなかのことりをみて、いいます。

「きみは　このことりと、ほんとうになかがよかったんだね。ことりがしんで、ずいぶん
さびしい思いをしてるんだろうね」


このあと、「くま」は、かつて一緒によくひなたぼっこをした日の当たる場所に「ことり」を埋め、「やまねこ」とともに石を置き、花で飾り、そして二人で一緒に新たな旅に出発するのである。

グリーフケアで最も基本となることは、相手の思いを尊重し、その思いにそっと寄り添う姿勢である。重大な喪失を経験した人の思いはさまざまであり、その人の思いはそのまま尊重する必要がある。絵本のなかで「くま」が出会った「やまねこ」のように、そのままの自分を受けとめてくれる人の存在はとても心強く、一歩ずつ前に進む勇気につながるであろう。

逆に、相手の気持ちを考えずに、一方的なアドバイスを与えるのは「やさしさの押しつ

け」になりかねない。みずからの経験などをもとに、良かれと思ってついつい「こうしたほうがいい」「ああしないほうがいい」と助言しがちであるが、向き合い方やペースは人それぞれである。当事者の気持ちというのは、深い部分まではやはり本人にしかわからない。押しつけがましくない、節度あるやさしさが求められる。

つらい思いをしている人を前にすると、私たちはついつい何か特別なことをしなければと思いがちである。しかし、身近な人であれば、気の利いた言葉を無理に発しなくても、これまでと変わらぬ態度で、普段通りに接することが望ましいかもしれない。言葉はなくても、ただそばにいて、ともに悲しむだけでも、ときに救いになる。自分を気にかけてくれている人がいると思えるだけで、人は安心できるのである。

「いつまでも泣いていても仕方がない」「しっかりしないと……」などと、早く立ちなおるようにプレッシャーをかけることはしないほうがいいだろう。頭ではわかっていても、気持ちがついていかず、苦しんでいることも少なくない。半年ほど前に夫を亡くした70代の女性は、「しっかりせなあかんとわかってますねん。元気にならんなあかんな、と自分に言い聞かせてるんやけど、なかなかなれへんね」と、関西弁で力なく話された。まわりの人が想像しているよりも、喪失の衝撃は大きいこともある。安易な励ましは、焦りや自己嫌悪を強めるだけかもしれない。

重大な喪失の直後は、そっとしておいて欲しいと希望する人もいる。連絡を取ろうとしても、無視されたり、冷たい態度を取られたりすることもあるかもしれない。あまりあせらずに、少し距離をとって、温かく見守ることも場合によっては必要である。その際には、「何かあれば知らせてね」などと一言伝えておくといいだろう。

とにかくじっくりと本人の話に耳を傾けることも一つである。みずからの体験を誰かに聞いてもらうことで、本人の気持ちが少し楽になることもある。ただし、その人が話したくないというのであれば、無理に当時の状況や気持ちを聞き出すのは避けるべきである。話を聞く際のポイントとして、聞いているのがつらい話でも、話をさえぎったり話題を変えたりしないように意識することが望ましい。また、事実の確認や分析ではなく、その人が今何を思い、どう感じているかをそのまま受けとめることが大切である。

重大な喪失のあとに必要とされるのは、必ずしも精神面でのサポートだけではない。日々の生活を送ること自体が難しいこともある。買い物や食事の支度、子どもの世話、ペットの散歩など、身の回りのちょっとした手伝いが必要かもしれない。

身体の健康にも注意が必要だ。重大な喪失は、心だけでなく、身体にも大きな影響を及ぼしかねない。つらさを紛らわすために、お酒やタバコがついつい増えてしまう人もいる。本人だけでは体調の管理が難しい時期には、身近な人が注意深く見守ることが大切である。

そして、状態に応じて専門家への受診もすすめたほうがいい。特に自殺をほのめかす言動など、危険性を少しでも感じた場合は、自分だけで対応しようとせずに、まわりの人と連携を図り、専門家にも相談することが大切である。

最後に、支える側も、自分の心と身体をいたわってもらいたい。深刻な悲嘆を抱えた人に接することは、ときに大きな精神的疲労をもたらす。話す言葉一つ一つに耳を傾けるうちに、相手の感情に巻きこまれ、気持ちが大きく揺さぶられることもある。精神的な負担を十分に認識し、みずからの心と身体を意識的にいたわることが必要である。当事者への対応を、自分ひとりで背負い込まないことが大切である。

第4章　「そのあと」をどう生きるか？

並行する二つの課題

人生はしばしば物語にたとえられる。その物語のなかでは、大なり小なり喪失が生じ、その都度、筋書きを修正しながら、先の物語が紡がれていく。想定外の重大な喪失、たとえば物語の重要な登場人物が突然いなくなってしまうと、物語はときに壊滅的に崩壊し、筋書きが大きく書き替えられなければならなくなる。

人によっては、「自分の人生は終わった」と感じる人もいるだろう。しかし、「自分の死」を迎えるまでは、見える景色が変わったとしても、人生の物語はまだ終わっていない。若くして重大な喪失に直面した場合には、その後の人生のほうがずっと長いかもしれない。

詩人の谷川俊太郎氏による『そのあと』という詩がある。

そのあとがある／大切なひとを失ったあと／もうあとはないと思ったあと／すべてが終わったと知ったあとにも／終わらないそのあとがある
そのあとは一筋に／霧の中へ消えている／そのあとは限りなく／青くひろがっている
そのあとがある／世界に　そして／ひとりひとりの心に

喪失後のストーリーはまだ白紙かもしれないが、命ある限り、人生の物語は途切れることなく続いていく。重大な喪失に直面してまもなくは、その後のことを考える余裕はないだろうし、考えること自体が苦痛かもしれない。時間が止まってしまったかのように感じることもある。物語の結末は誰にもわからないが、その後の方向性や展開は、その物語の主人公である私たち一人ひとりが考えていくほかない。

重大な喪失に遭遇したあとの道のりとして、私たちが取り組まなければならない課題は大きく分けて二つある。一つは、喪失の現実を自分なりにどのように受け入れるのかという困難な課題である。もう一つは、喪失の結果として生じる生活上の問題やこれからの人生にどう向き合っていくのかという課題である。たとえば、死別の場合、大切な人の死を受けとめることに加えて、家事や家計管理といった故人の果たしていた役割を会得することや、就職や転居の検討など、故人のいない今後の生活にも対処していかなければならない。

オランダのユトレヒト大学教授のマーガレット・S・シュトレーベらによって提唱された二重過程モデルでは、喪失それ自体への対処は「喪失志向コーピング」、喪失にともなう日常生活や人生の変化への対処は「回復志向コーピング」とよばれている。二重過程モデルは、死別に関する理論として紹介されることが多いが、死別だけでなく喪失全般に適用することができる。

このような二つの方面への対処は、並行する動的過程である。つまり、あるときは喪失の現実に向き合い、一方では生活上の問題に取り組むという、行ったり来たりする対処の過程であると考えられている。どちらか一方の課題だけではなく、双方の課題に、同時並行で向き合っていかなければならないのである。喪失の現実を受け入れることができて初めて新たな人生の物語が始まるのではなく、完全には受け入れられなかったとしても、生活や人生は着々と進んでいて、その後の物語はすでに始まっている。

時間の経過にともない、通常、喪失志向コーピングから回復志向コーピングへと軸足は移っていく。失われたもののことばかり考えていたのが、少しずつ目の前の生活やこれからの人生を考えるようになっていく。必要な時間は喪失の状況や人によって大きく異なるであろうが、時間が経つにつれて、その後のストーリーが少しずつ描けるようになっていくであろう。

旧約聖書・伝道の書3章1節に、「天が下のすべての事には季節があり、すべてのわざには時がある」という章句がある。人生の物語において、思いもよらぬ重大な喪失に遭遇し、今は悲しみのときかもしれないが、やがて物語には違う局面がおとずれるはずである。

誰もが持つレジリエンス

私たちはいつなんどき、どのような形で大切なものを失うかわからない。たとえば死によって大切な人が奪われたとき、死という絶対的な力の前に人間は抗する術を持たない。予期せず、直面することになった喪失に対して、強い無力感を抱くこともある。

社会心理学者の宮田加久子氏が指摘するように、そもそも人は、おかれた状況や出来事を自分の力で制御すること、すなわち一次的コントロールばかりを考えがちである。しかし、自分の力が及ばないような現実を前にしたときには、一次的コントロールは失敗に終わり、無力感に陥り、無気力状態になりかねない。その場合には、状況や出来事に自分の考えや行動をあわせるという二次的コントロールが求められる。一次的コントロールはできなかったとしても、二次的コントロールは可能なのである。

喪失という深刻な事態に対しても、私たちは主体的に向き合い、自分なりに対処しようと試みることはできる。時の流れに身を任せることしかできないわけではない。喪失の現実を変えることはできないとしても、そのおかれた状況のなかで、自分の意思で現実に向き合い、みずからの人生を歩んでいくことはできる。決して無力ではない。

人には程度の差はあるが、「レジリエンス」とよばれる心理的な強さがある。レジリエンスとは、本来「弾力」や「反発力」を意味する物理学用語であるが、心理学の領域では「回復力」「復元力」などとも訳される。強い風があたっても簡単には折れない柳の木や、いくら倒してもすぐに元に戻る「起き上がりこぼし」のように、重大な喪失に遭遇しても、やがては日常の生活や人生を取り戻すことができる。人生の危機や逆境に適応できる潜在的な能力を誰もが有している。

レジリエンスの要素の一つに、「未来志向」がある。重大な喪失に向き合うにあたって必要なことは、物事はそのうちうまくいくようになるとの信念である。そのうえで、自分のことをよく知り、努力によって道を切り開いていくことが望まれる。ともすれば「自分には何もできない」との無力感に陥りがちだが、自分にできることを模索し、できることを増やしていくことが自己肯定感や生きる希望につながるであろう。

ちょうど1年半前に妻を亡くし、一人息子とは別居している70代の男性は、「過ぎ去ったことばかりを思うと、寂しくなるし、精神的にもつらい。とにかく今日もよう頑張った、いい一日だったと幸せを感じられるように生きてきた」と語った。現在はボランティア活動をしたり、趣味の絵を描いたりして過ごしているという。「自分で何とか這い上がっていこう、頑張って生き抜いていこうと思う。まだ若いしな」という彼の言葉が印象的だった。

もちろん過酷な現実に直面して、身動きが取れなくなることもあるだろう。大切な人を亡くした遺族の心理過程を表す用語として、グリーフワークという言葉があり、喪の作業、悲哀の仕事などと訳されている。この概念自体については議論の余地があるが、この言葉のワーク（作業、仕事）という表現は的を射ている。死別のみならず、大切な何かを失うという体験は、ある意味で肉体労働と同じく、精神的なエネルギーを多量に消費する人生の大仕事である。その大仕事をやり遂げるためには、まわりの人の助けや相応の時間も必要かもしれないが、最終的には私たち一人ひとりが、喪失に向き合う力、レジリエンスを取り戻し、人生の歩みをみずから進めることが不可欠である。

「立ち直る」ことはできるか？

大切な何かを失ったあと、一般的に「立ち直る」ことがよしとされ、まわりの人も早く立ち直ってもらいたいと願う。

では、「立ち直る」とはいったい何を意味しているのであろうか。

『日本国語大辞典』第二版では、①倒れたり倒れそうになったりしているものが、もとどおりしっかりと立つ、②悪い状態になった物事が、もとのよい状態になる、等々と記されている。たとえば失恋のショックから「立ち直る」といえば、失恋によって落ち込んだ状態から脱し、普段の精神状態に戻ることだと考えられる。しかし実際には、時間が逆戻りし、大切な何かを失ったという出来事そのものをなかったことにして、喪失以前と同じ状態に戻るわけではない。

死別の場合、亡き人が生き返らない限り、死別以前とまったく同一の状態に戻ることはない。遺族にとっては、いくら時が過ぎようとも、亡き人の面影や思い出がすべて消え去ることもない。悲しみから離れられる時間は増えていくが、日常のなにげないきっかけで亡き人のことが思い出され、涙が思いがけずあふれてくることもある。

また、大切な人の死によって取り巻く状況は変わり、そして遺族自身も変化している。失恋であれば、相手と復縁する可能性はあるが、復縁したとしても失恋したという事実が消えるわけではない。私たちは重大な喪失によって何らかの影響を受けており、喪失前の自分とまったく同じ自分にはなりえない。

「立ち直る」ということは、あたかも風邪が治り、本来の健康状態を取り戻すかのような印象があるが、何事もなかったかのごとく喪失体験を消し去ることはできない。私たちができるのは、喪失から回復し、以前の状態に戻ることではなく、大切な何かを失った状況のなかで生きることである。すなわち、喪失から「立ち直る」、あるいは喪失からの「回復」ではなく、喪失への「適応」が求められる。

「適応」という考え方は本来、生物学の概念であり、生物が生活環境に応じて、生存に適するように形態や習性を変化させていく過程であるとされる。心理学では、環境からの要請と個人の欲求がともに満たされ、環境と個人との間に調和した関係が保たれている状態を指し、学校への適応、職場への適応、海外生活への適応などとも表現される。

喪失への適応を旅にたとえるならば、目的地は喪失前と同じ場所ではない。一人ひとりが異なる風景を見ながら、決して平坦ではない道のりにおいて、自分のペースで旅を続け、やがて以前とは違う新しい場所にたどり着くのである。

喪失に適応するためには、失った事実を受けとめ、自分の気持ちや直面している困難と折り合いをつけていくことが必要である。拭いきれぬ思いをいかに消し去るのかが大事なのではなく、その思いを抱えつつも、自分なりにどのように生きるのかが重要である。

一方で、喪失への適応は、当事者本人の問題と矮小化されるべきではない。当事者を取り巻く人々や環境によって、適応が促されることもあれば、阻害されることもある。たとえば、中途障害者の場合には、利用しにくい設備や制度、慣習や偏見など思いもよらぬ社会的障壁によって、生きづらさを感じることがあるかもしれない。喪失とともに生きる人の困難を増幅させない社会の姿勢も問われている。

喪失の意味を求める

大切な何かを失ったとき、なぜそのようなことが起こってしまったのかと、私たちはその出来事の理由や意味を問う。自分なりにその喪失を根拠づけて解釈し、意味が通るものとして捉えようとする。「運命と思ってあきらめるしかない」と考え、受けとめようとする人もいるだろう。深い信仰がある人であれば、その出来事を神の意志として受け入れることができるかもしれない。

しかし実際には、運命論や決定論を振りかざしたところで、喪失の現実をとうてい受け入れられないこともある。たとえば、子どもの死や突然の予期せぬ死、病気や事故による中途障害、災害による家屋や財産の喪失など、多くの人にとってその出来事はきわめて理不尽であり、納得のいく答えなど一生かかっても見つからないかもしれない。喪失の直接的な原因についてては頭で理解できたとしても、心情的に受け入れられないこともある。「自分の身にどうしてこんなことが……」という問いに、みずからを納得させられる答えを見いだすことは容易ではない。ことによっては、そもそも満足できる答えなどないのかもしれない。

震災による死別が遺族に及ぼす長期的影響を探るため、朝日新聞社との共同調査を実施したことがある。対象は、１９９５年の阪神・淡路大震災で犠牲になった６４３４人のうち、震災を直接的な原因として亡くなった５４５４人の遺族である。朝日新聞社が震災当時の警察発表などから作成した名簿に基づき、震災から20年を目前にした２０１４年９月に、当時の住所にアンケート用紙を郵送した。用紙は１０１９人の住所に届き、１１２遺族１２７人から回答を得た。

アンケートでは、当時の被害状況や心身への影響、周囲からの支援、心の復興度などについて尋ねたが、そのなかに、死の意味の探求に関する次の二つの質問がある。

「ご家族がなぜ死ななければならなかったのか、納得できていますか？」

「ご家族がなぜ死ななければならなかったのか、納得しようと努めたことはありますか？」

結果として、これらの質問への回答が得られた１１７人のうち、「納得できている」と答えた人は48人で、残りの69人は家族の死について必ずしも納得できていないことがわかった。

震災でのように突然に家族を失った家族にとって、20年という長い年月が経ったとしても、死の理不尽さを受け入れられるとは限らないのである。

理不尽な喪失に直面したとき、喪失を意味づける自分なりに納得のいく答えを見いだせればいいが、それが難しい場合、その答えを求め続けるのか、あるいはどこかの時点で探し求めることを棚上げするのか、その選択は人によって異なる。

この調査では、納得できていないと回答した69人のうち、26人は「納得できておらず、今も納得しようと努めている」と答えたのに対して、43人は「納得できていないが、今は納得しようと努めていない」と答えていた。

亡き人の死に対して納得のいく答えを求め続けるのは、遺族にとって先の見えない長く苦しい旅路であるにちがいない。その過程のなかで、あえて答えを求めないという選択をする人もいる。これは一人ひとりの生き方に関わる問題であり、決してその善し悪しを判断することはできない。

この共同調査では、同意を得られた回答者に対してインタビューも実施した。協力してくださったある女性は、当時は大学生であったが、その後進路を変更して、現在は看護師として働いており、母親の死について次のように話されていた。

「死を納得しようとして、納得しきれずにいた。それが、死は川の流れのように止めようのないものだと思うようになった。死は納得するものではなく、ただ受け入れるしかないもの……。震災がなければ選ばなかった人生を歩んでいる。でも道はこれで良かったんだ」

私たちは日頃、ともすれば一つの答えや解決策を求める傾向にあるが、喪失の意味に対する解釈や向き合い方に、唯一の正解があるわけではない。一人ひとりに、自分にしか見いだせない解があり、時とともに変わることもあれば、変わらないこともある。重大な喪失を経験したそれぞれの人の今の思いや生き方が尊重されることが大切である。

誰かがあなたを待っている

重大な喪失は、みずからの価値観や生き方を問い直す機会でもある。たとえば、命に関わる病気や怪我を自身が経験したことで、今生きていることのありがたさにあらためて気づかされ、「一日一日を大切に生きたい」と強く思うようになったり、今まで以上に健康に気を遣うようになったりする人は多い。人によっては、これまでの生活を振り返り、「家族との時間をもっと大事にしたい」「自分が本当にやりたいことを考えた」など、人生で何が重要なのかの優先順位を見なおすこともある。私たちは喪失の体験を通して、生きるうえで大切なことを学び取ることができるのである。

また、喪失の経験をきっかけに、今までとは異なる関心が芽生えたり、初めての活動に取り組んだりなど、自分の人生に新たな道筋を見いだすこともある。その経験がなければ、知らなかった事実や出会わなかった人たちもあるかもしれない。重大な喪失はいい意味でも、悪い意味でも人生に大きな変化をもたらし、まさしく人生の岐路であるといえる。新しい関心や活動は必ずしも望ましい方向に向かうとは限らないし、決して強要されるべきものではないが、喪失は新しい何かにチャレンジする動機を与えてくれる機会でもあると捉えることができる。

詩人で画家の星野富弘氏は、中学教師になってまもなく、不慮の事故で手足の自由を失い、9年間入院した。入院中に筆を口にくわえて描き始めた詩画は、その後、多くの人に感動を与え、彼の故郷の群馬県には「富弘美術館」が開設されている。星野氏は、退院して病院から故郷の家へ帰る道中での心境を、著書のなかで次のように述べている。

少年の日、山に向かって夢みたような華やかなものは、なに一つ持って帰ることはできないけれど……、でも、胸を張って帰ろう。

たしかに形のあるものはなにひとつ持っていない。けれども数多くの、目にみえるものを支えている目にみえないもっとも大切なものを、長い苦しみと絶望の果てから与えられ、それが心の中で息づいているような気がする。（中略）

故郷を出て故郷がみえ、失ってみてはじめてその価値に気づく。

苦しみによって苦しみから救われ、かなしみの穴をほじくっていたら喜びが出てきた。

生きているっておもしろいと思う。いいなあ、と思う。

まだまだこれからだ。

両手を広げてまっているあの山のふところで、これから、私にしかできない文字をつづっていこう。

星野氏はその著書のあとがきで、「夜があるから朝がまぶしい」という言葉を綴っている。失ったことで見えてきたもの、気づいたものが喪失後の生きる糧となり、新たな生き方につながるかもしれない。

人生から何をわれわれはまだ期待できるかが問題なのではなくて、むしろ人生が何をわれわれから期待しているかが問題なのである。（中略）すなわちわれわれが人生の意味を問うのではなくて、われわれ自身が問われた者として体験されるのである。

この有名な言葉は、アウシュビッツ強制収容所でのみずからの過酷な体験をもとに著した『夜と霧』において、オーストリアの精神科医であるヴィクトール・E・フランクルが述べたものである。

失ったものの大きさを前に、「人生にもう何も期待できない」と絶望の淵に沈む人もいるだろうが、フランクルによると、あなたを必要とする何か、あなたを必要とする誰かがあなたを待っているという人生が提起する問いに、私たちは答えていかなければならないという。

喪失後の人生をどのように生きるのかについて、一つの用意された答えがあるわけではない。どのような生き方をしていくのかが、私たち一人ひとりに問われているのである。

小さな目標を立てる

重大な喪失に直面することによって、将来の夢や生きる希望までも奪われてしまいかねない。「命のある限り、希望がある」という言葉があるが、絶望の暗闇のなかにある人には、すんなりとは受け入れられないかもしれない。希望がなければ生きていけないともいわれるが、必ずしもそうではない。希望を持てないまま、失意の日々を長く過ごしている人も少なくないだろう。

妻の介護を中心にした生活を10年以上にわたって送ってきた60代の男性は、妻が亡くなって、「自分の時間をどのように過ごしていいかわからない。何のために生きているのかわからない」と話されていた。妻の死後しばらくは人生に希望を持てず、まったく何もする気が起きなくて自殺してもおかしくないくらい落ち込んでいたという。妻の死から1年半近くが経った現在は、教会の礼拝に行ったり、パソコンの教室に通ったりしているそうだが、それでも毎日が空虚に感じると話されていた。

希望を持つこと自体がそもそも難しく、相応の時間を要すると考えられる。とはいえ、希望は生きていく力を与えてくれる。希望は生きることを肯定することであり、勇気を持ってみずからの人生を歩んでいくことにつながるように思われる。

NHKでは、東日本大震災で亡くなった人や行方のわからない人の写真と家族の手紙を募集し、「こころフォト」と題してホームページや番組で紹介している。千葉雄貴さんは、3世代6人家族であったが、東日本大震災で母と弟、祖父母の4人を亡くし、父親と二人で暮らすこととなった。震災から3年が経とうとする頃、当時14歳の千葉さんは、「こころフォト」に次のようなメッセージを寄せている。


あの日、自分の周りにいた大切な家族が4人も亡くなってしまった。

失って初めて気づいた幸せ。（中略）

この悲しみをどこにぶつければいいのか、わからなかった。

だが、そんな中でも、希望はある。

自分の父が、まだいる。

今、震災後、一番幸せを感じていることは、父といることだ。

楽しんでいるとき、怒っているときでさえも、幸せを感じた。

（中略）

もう3年経ったというのに、あのいまいましい日から、時が止まっているように感じてしまう。

しかし、今ある、父という幸せと一緒に、今は歩いていくしかないと思った。

このときの千葉さんの悲しみはまだまだ深い。そんななかでも、希望や幸せを感じるというメッセージは、現実を受けとめ、自分の足で未来を拓いていくという千葉さんの覚悟を感じさせる。失われてしまった大切な何かを取り戻すことができない場合でも、おかれた状況のなかで希望を見いだすことはできるのである。

これからの人生を生きていくためには、希望だけでなく、生きる目標を見つけていくことも大切である。精神科医の神谷美恵子氏は、著書『生きがいについて』のなかで、「自分の悲しみ、または悲しむ自分に注意を集中している間は、悲しみからぬけ出られない」と指摘している。そのうえで、悲しみはなくならないとしても、悲しみを意識の視野の中心から次第に視野の外におしやるためには、「一生涯を貫くほどの大きな目標でなくても、具体的な、短期の目標が必要である」と述べている。

まずは身近なところで、すぐにでもできるような小さな目標を立てることから始めてみるのもいいだろう。無理をしない程度に、何か新しいことに挑戦してみる。小さな目標や課題に取り組み、一つ一つ達成していくことを通して、自分の足で人生を歩んでいく自信を取り戻していけるかもしれない。

体験を分かち合う

重大な喪失を経験した者同士がそれぞれの体験や気持ちを語り、分かち合うことを通して、「自分だけがこんなに悲しいのではない」ということをしばしば実感できる。「分かち合えば喜びは2倍になり、悲しみは半分になる」という海外のことわざがあるが、分かち合うことで、悲しみだけでなく、喪失にともなう複雑な感情が解かれ、やり場のない気持ちが少しでも軽くなるかもしれない。

このような機会を提供する場として、「セルフヘルプ・グループ」とよばれる活動がある。セルフヘルプ・グループとは当事者組織であり、同じ悩みや障害のある人たちによって作られた小グループのことをいう。その目的は自分が抱えている問題を仲間のサポートを受けながら、自分で解決あるいは受容していくことにある。病気や障害のある人たち、アルコール依存や薬物依存などの嗜癖のある人たち、犯罪や虐待などの被害者たち、不登校や引きこもりの人たちなど、多様なグループがあり、当事者だけでなく、その家族のためのグループもある。死別体験者のセルフヘルプ・グループの活動は１９６０年代に英国や米国で始まり、日本で本格化し始めたのは１９９０年前後であるといわれる。

こうしたグループには「グループで話されたことはグループ内にとどめる」「求められない限りアドバイスは与えない」などの基本ルールがあり、ファシリテーターと呼ばれる担当者が司会進行役となって対話を進めていく。普段の生活では話せないことも安心して話せる場であることが重視されており、「この会に来て、初めて泣けた」という人も多い。「自分と同じような体験をした人の話を聞いてみたい」「自分の話を聞いてもらいたい」という人は、ホームページを開設している団体も多いので自分で探してみてもいいし、各自治体の精神保健福祉センターや保健所などに問い合わせてみるのもいいだろう。

１９９９年に設立された「小さないのち」は、子どもを亡くした父母と家族のセルフヘルプ・グループであり、子どもの「いのち」について語り合いながら、この先の人生に意味を見出すことを会の目的としている。会の代表である坂下裕子氏は、活動の一環として、参加者とともに死別によるグリーフを図に描いてみるという試みを続けている。経験は千差万別だが、参加者同士で「そうそう」「あるある」と共通する部分も多く、図にすることで体験を共有しやすくなると坂下氏は考えている。

私は大学の講義で、坂下氏をゲストスピーカーとして毎年招いている。そのなかで、インフルエンザ脳症で1歳の娘さんを亡くしたご自身の体験とともに、会の参加者によって描か

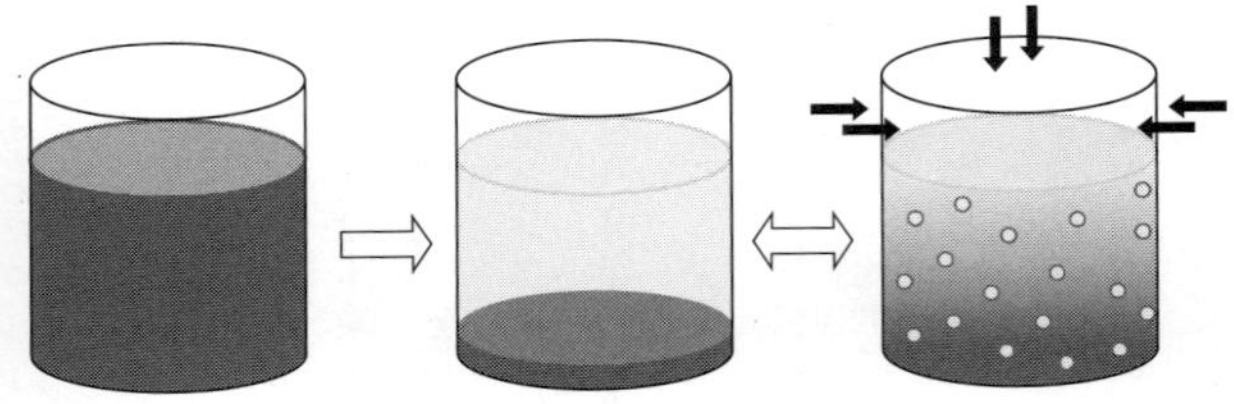

図１　グリーフを水の濁り具合で表現している

れたグリーフの図について話してくださった。その図を坂下氏の解説とともにいくつか紹介したい（便宜上、実際の図をもとに描き直したものを掲載）。

・図１「悲しみは消えてなくなることはない」

死別後の胸中を、水の入ったコップにたとえている。左のコップは濁った水（激しいグリーフ）で満たされている。真ん中のコップは、時間の経過にともなってグリーフは沈澱し、透んだ水に変化したことが示されている。このとき、自分が回復したことを感じる。ところが、何かのきっかけによって、コップは揺さぶられ、一気に濁った水に戻る様子を右のコップは示している。この図を描いた遺族は、「悲しみは底に沈んでいるだけ。消えてなくなることはない」と話したという。これが、多くの遺族の実感なのかもしれない。

・図２　「はずだった」道ばかり見つめた

亡き子と一緒に生きていく「はずだった道」は、死別を境に絶たれて、右に大きくカーブする道に追いやられた。その後、残された親は、今歩いている道は見ずに、「はずだった道」を見つめ続ける。「本当なら今頃は○○なのに」などと考え続ける。けれども年数とともに、だんだん見通しがきかなくなり、「本当なら」という言葉も減っていく。この図を描いた遺族は、本当の道はこちらの道だと考えられるようになり、実際に歩いている道を見つめるようになったその時期が、死を受けとめたときだったのかもしれないと語っている。

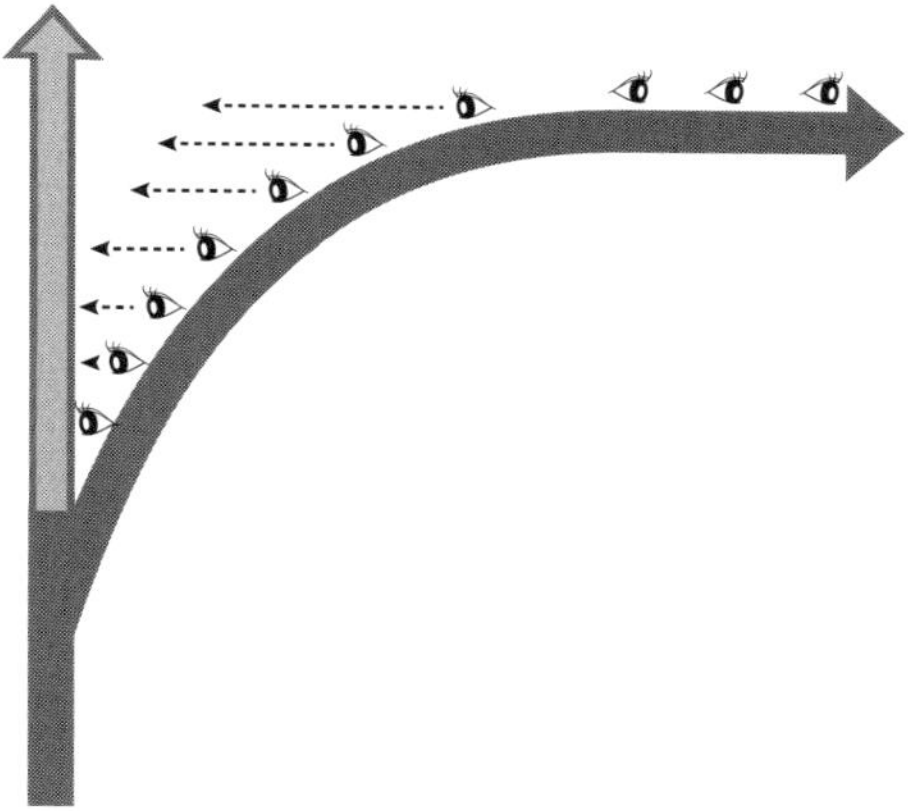

図２　亡き子が生きていたはずの「もう一つの道」の表現

・図３　傷の比率が変わる

お子さんを亡くした父親が自分自身をボール

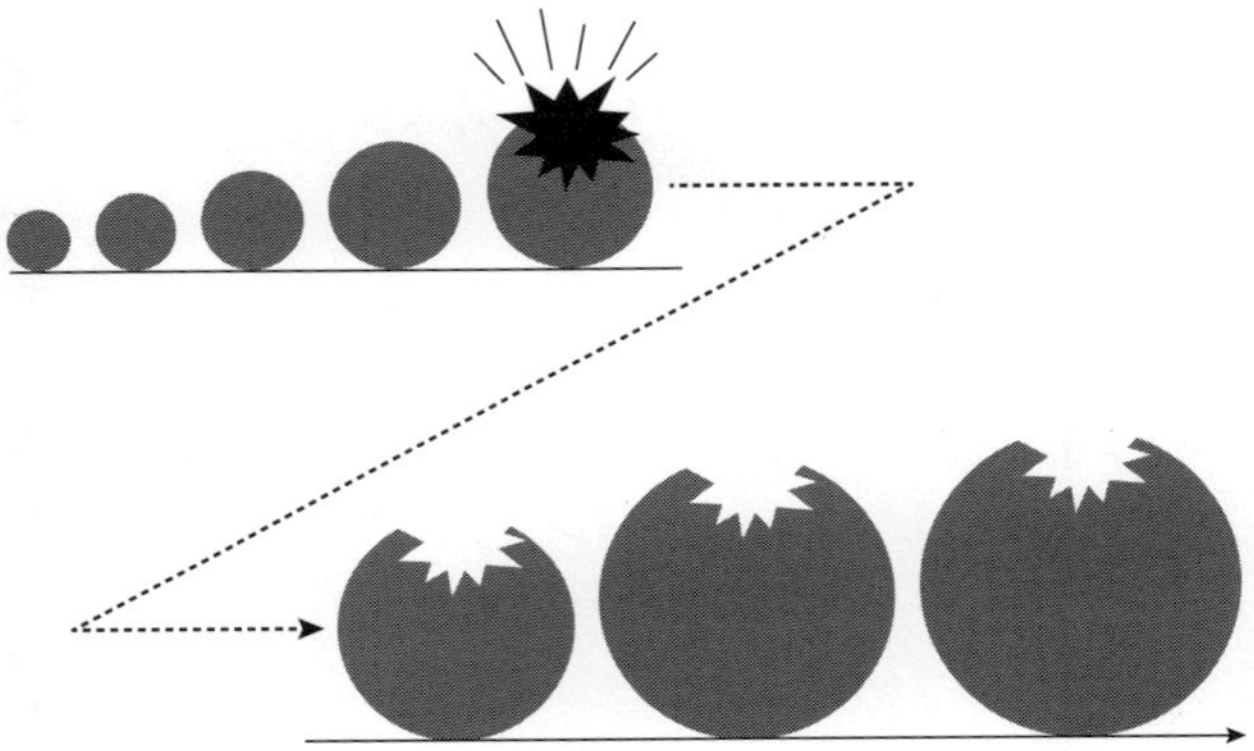

図３　「心の器」の表現

にたとえた図である。左端は独身だった頃のボールの大きさで、結婚して一回り膨らみ、子どもが生まれてもう一回り膨らんだ。２人目の子どもが生まれると、さらに膨らんだ。ところがその子が亡くなり、自分も心が大怪我をして、自分の半分をもぎ取られたように感じた。数年後、心の怪我の炎症は治まったものの、もぎ取られた傷口はふさがることなく、そのままであった。ただ、体が半分もぎ取られたままでは生きていけないので、仕事に打ち込んだり、やりがいのあることを見出したり、家族を幸せにしたり、誰かの役に立ったりなど、色々な方法で本体のほうを大きくする努力が必要だったという。この図を描いた遺族は、そうして器を大きくすれば傷口の比率は小さくなっていき、生きやすくなると語られた。

坂下氏によると、人によって描く図は本当にさまざまで、同じ人の絵も変わっていくことがあるという。つまり、当事者の思いは一様ではなく、同じ人のなかでも、その様相は変化していくものであることが示唆される。こうしたみずからの喪失体験を図で表現することや、それをもとに体験を共有することは、自分と向き合い、気持ちを整理する機会となりうるだろう。

次の世代につなぐ

generate（生み出す）とgeneration（世代）を掛け合わせた、generativity（ジェネラティビティ）という言葉がある。この用語は、エリク・H・エリクソンによる造語であり、「世代継承性」「生成継承性」「生殖性」などと訳されている。エリクソンの心理社会的発達理論によると、ジェネラティビティとは、自分のためだけに生きるのではなく、みずからの経験を活かし、次世代を育むことを意味しており、特に中年期以降の主要な課題として位置づけられている。

重大な喪失に直面し、苦難の道のりを歩んできた人は、自身の喪失経験をもとに次世代のために貢献することができる。戦争や震災の体験者や、がん患者とその家族など、さまざまな立場の当事者による語り部活動は、経験から得た教訓や知恵を次の世代につなぐ代表的な取り組みの一つといえる。また、みずからの喪失体験を通して、社会の構造的な欠陥を強く感じ、法律や制度の改正など社会運動に積極的に参加する人もいる。重大な喪失後につらい体験をして苦しんでいる人、特に自分と同じような境遇の人への共感や社会に対する問題意識を強く感じ、そうした人たちへの支援活動にたずさわる人も少なくない。こうした社会的な活動は、他者のためであると同時に、「自分が必要とされている」という自己肯定感を高めることにもなるであろう。

次世代に何かを残すことは、特に死を前にした人にとって大きな意味を持つ。みずからの死を意識したとき、自分の存在を何らかの形で残したい、遺志を次世代に受け継いでもらいたいと強く願う人も多い。末期患者がしばしば経験する苦悩の源の一つは将来の喪失であり、それによって現在の生を無意味に感じるとされる。自分自身が存在した証として何かを伝え、残すことは、死を越えて存在する将来を見いだすことにつながる。たとえば古代エジプトの王族は巨大で頑丈な墓を造り、他者の記憶にとどまることで、永続する生を求めた。生者の記憶のなかで生き続けると思えることは、死にゆく者にとっての救いとなりうる。

　私たちは一人ひとり、自分の死を含む人生の物語全体を通じて、次の世代に大切な何かを受け渡すことができる。

　作家の三浦綾子氏は、著書『続 氷点』のなかで、「一生を終えてのちに残るのは、われわれが集めたものではなくて、われわれが与えたものである」というフランスの聖職者の言葉を紹介している。そして、人生に別れを告げれば、その財産も名誉も現世への置き土産に過ぎなくなるが、生前に分かち与えたものは、それを得た人のもとに残り、心に宿り、受け継がれる。それは愛情、知恵、精神、徳性であり、人間の内面的な価値である、と三浦氏は述べている。

　元教師の夫を亡くした70代の女性は、亡き夫と親交があった人たちが、手紙をくれたり、花を贈ってくれたり、自分が知らなかった夫の姿を教えてくれたりして、とても慰められたという。夫が生前に築いてきた人とのつながりが、「私に対する遺産」になっていると語った。

　自分にとっての人生の物語は、みずからの死によって終焉を迎える。もしかしたら「そのあと」があるのかもしれないが、少なくとも現実世界のなかで自身の手で描くことはできない。それでも、失って終わりではない。有形無形の贈り物を残すことで、みずからの亡きあとを生きる人たちの人生の物語を豊かにすることができるのである。

死者は無力ではない

　生きた証を残すことを意識するのは、自身の死に直面した人ばかりではない。死を迎える本人よりも、むしろ大切な存在を亡くした人にとって、その思いは強く表れるかもしれない。亡き人の生きた証として、故人の写真や形見、思い出の品などが大切に保管されることは多い。

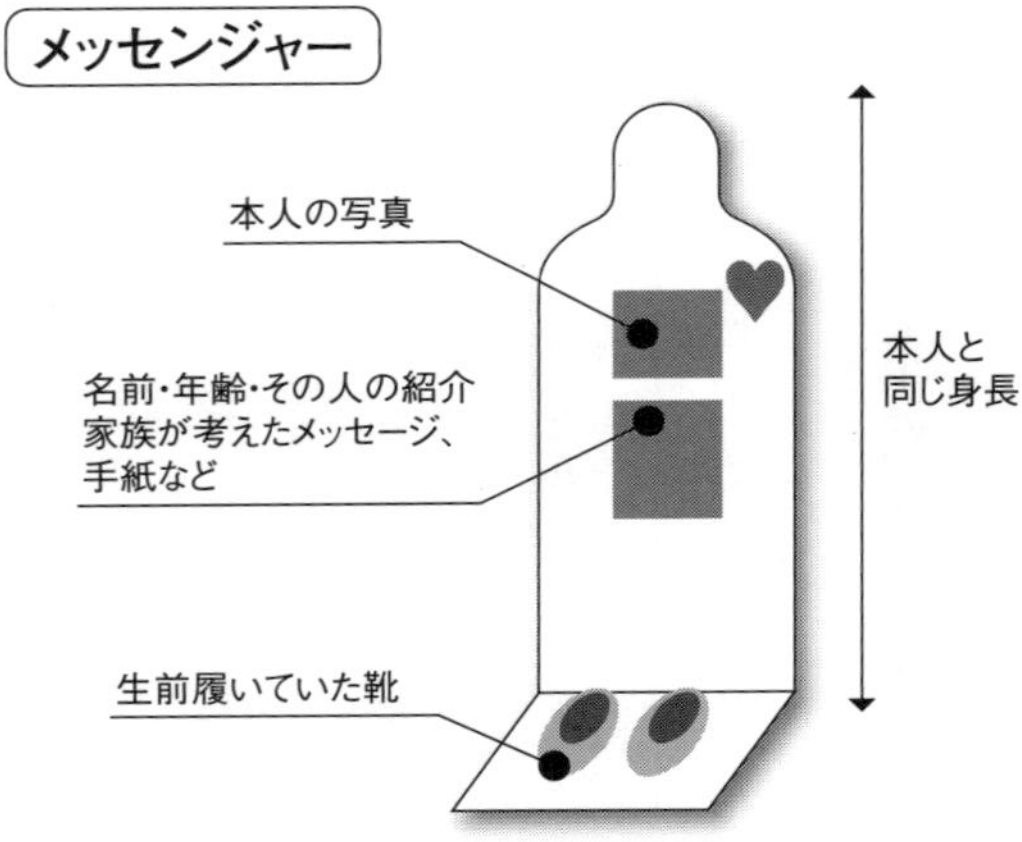

「メッセンジャー」のイメージ

　さらに、生きた証を残すだけでなく、故人の人生の歩みや思いを語ること、故人にまつわる手記の作成、故人にゆかりの場所や物の保存・公開など、故人の存在や遺志、生きてきた人生を、有形無形を問わず、他者や社会に伝え継ぐ活動も行われている。

亡き人の生きた証を伝承する活動の一つに、生命《いのち》のメッセージ展がある。この催しは、犯罪・事故・いじめ・医療過誤・一気飲ませなどによって理不尽に生命を奪われた犠牲者が主役のアート展であり、犠牲者一人ひとりの生きた証の象徴としての等身大の人型パネルと、足元には遺品の「靴」を展示している。

人型パネルの胸元には本人の写真と、一人ひとりの素顔や残された家族の綴ったメッセージが添えられている（図参照）。理不尽な死の現実を伝え、多くの人々に命の重さを考えてもらうため、特定非営利活動法人「いのちのミュージアム」が全国各地にて開催している。

生命《いのち》のメッセージ展では、犠牲者たちのことを、命の大切さを伝える「メッセンジャー」とよび、無念にも亡くなり、生きたくても生きることのできなかったメッセンジャーたちの思いを伝え、「加害者も被害者も生まない、生命が守られる社会」の実現を目標としている。

私のゼミの学生が中心となって「生命《いのち》のメッセージ展in関学」を開催させてもらったこともある。そのときは、30体のメッセンジャーが展示され、延べ３００人を超える学生・教職員などが来場した。

生命《いのち》のメッセージ展の発案者で、飲酒運転によって大学生の一人息子を奪われた鈴木共子氏は、活動の動機について、当初は息子を残したい、アートという形で生き続けさせたいという思いだけだったとしたうえで、次のように述べている。「(犯罪・事故・災害などで亡くなった)彼らは、とても無念な死を迎えている。彼らのその死を無駄にしたくない。亡くなられた命を活かす形として残したい。生きているって素晴らしいことなんだよと伝えたい」。鈴木氏は、「死者は無力ではない」とも話している。

このような亡き人の生きた証を伝承する活動を誰もが行うわけではない。生きた証を伝承する活動に取り組む遺族は、犯罪・事故・災害などによる不慮の死や、子どもの死などを経験した人が多いように思われる。亡き人の生きた証の伝承は、受け入れがたい死に対する一つの向き合い方であり、遺族にとっての意義は、故人の存在を自分にとってだけではなく、社会のなかでも生かし続けることにあると考えられる。加えて、故人の死に新たな意味を付加する試みであるともいえる。その死を契機に、社会が良い方向に変わるのならば、故人の死に社会的な意味を持たせることができるのである。そして、残された者が故人を慈しみ、忘れないことや、その死を無駄にしないことが、結果として故人の平安につながると多くの遺族は信じている。

亡き人の生きた証を残し、伝承することは、死者との対話のプロセスであるともいえる。

残された者は、死者の思いや生き方を問うことで、有形無形の生きた証を探求していく。決して平坦な道のりではないであろうが、遺族にとっては、こうしたプロセスを通じた故人との交わりが、その後の人生を歩んでいくうえでの心の拠り所となるかもしれない。

また、活動への参加を通じて、遺族同士が出会い、体験や思いを共有し、ともに支え合う機会にもなっている。「グリーフケア」という言葉が広まりつつあるが、深い悲しみにある遺族が、死者との対話を続けながら、生きた証を伝承する活動を支えることも一つのケアのあり方であると思われる。

過去を振り返れば、凄惨な事件や事故、戦争や災害など、忌まわしい喪失の出来事は数え切れない。そうした出来事の風化がしばしば問題視されるが、そこにある死者や遺族の存在を忘れてはならない。先に紹介した「生命《いのち》のメッセージ展in関学」の来場者は、それぞれに個々のメッセンジャーの死を身近なものと捉え、今ある命の尊さや家族の大切さを感じていた。遺族を通じて受け継がれる亡き人の生きた証は、「いかに生きるべきか」を私たちに鋭く問いかける。亡き人が残したものを社会においてどのように受けとめ、共有できるかが今を生きる私たちに問われている。

第5章　喪失に備える

なぜ失って初めて気づくのか

ジョン・レノンのシングルのなかに、“What You Got”と題する楽曲がある。邦題はないが、直訳すれば、「あなたが持っていたもの」となる。そして、この曲では、“You don't know what you got, until you lose it”というフレーズがくり返される。直訳は、「失うまで、あなたが持っていたものをあなたは知らない」である。言い換えれば、「失って初めて、自分の大切なものに気づく」である。

「失って初めて気づいた」という体験談はよく聞かれる話であり、心当たりのある人も多いはずである。「失う前にその大切さをわかっていたら、失わずにすんだかもしれない」という場合もあるだろう。あとからいくら悔やんでも取り返しがつかないことも多いが、失われたものを再び取り戻したいと強く願う人もいる。先ほどの曲も、「もう一度チャンスをおくれ」というフレーズで締めくくられている。

「後悔先に立たず」は世の常であるが、そもそもなぜ人は失ってから、失われたものの価値に気づくのであろうか。失ったことで初めて気づくという言葉をそのまま受け取れば、それまでは気づいていなかった、知らなかったということである。厳密にいえば、気づいていなかったのではなく、意識していなかった、あるいは忘れていたという意味に近いかもしれない。たとえば家族や恋人、健康、仕事など、その大切さをまったく知らなかったわけではない。その価値をかつては認識していたものの徐々に薄れていき、やがて意識のなかに埋没してしまったのであろう。ありきたりの表現だが、まるで空気のように、そこにあるのが当たり前になっていたものと思われる。

夫婦でよく外出したという70代の女性は、夫を亡くして、「普通の、当たり前の生活が良かったことに気づいた」と語った。「夫婦で一緒にいる人を街中で見かけるとうらやましい。自分ではしっかりしていると思っていたが、本当は夫に頼っていたんだなとつくづく思う。今の状況になるまで、夫がいることの有り難さに気づかなかった」という。

失ってしまったことで、失われたものの価値を強く実感することはたしかにあるが、失わずともその価値を意識化することも不可能ではない。

人は他者の行動や反応を観察し、直接経験しない行動も学習することができる。こうした観察学習、いわゆる「モデリング」によって、私たちは適切あるいは不適切な行動や、社会のルール、マナーなどを身につけている。つまり、人間は自分では経験していない未知の重大な喪失についても、他者の経験を通じて学ぶことのできる高度な能力を持っている。

また、人間には豊かな想像力がある。今ここにないもの、まだ経験していない出来事を想像して考える力は、他の動物とは異なる比類なき能力といえる。簡単なことではないが、当事者の声に真摯に耳を傾け、未だ経験していない重大な喪失を想像することで、眼前にあるかけがえのない存在をより大切にできるであろう。

何を失いたくないのか

人にはそれぞれ失いたくないものがあるだろう。失いたくないものとは、言い換えれば、その人にとって自分の欲求を満たしてくれているもの、必要なものといえる。

米国の心理学者アブラハム・H・マズローの欲求階層説によれば、人に動機づけを与える根源的な欲求は飢えや渇き、性など、生きていくための「生理的欲求」であり、それがある程度満たされると、健康の維持や生活の安定など、危険を避け、安心感を得たいという「安全の欲求」がみられるという。

これら二つの欲求が満たされたときに現れるのが「所属と愛の欲求」である。これは家族や友人、同僚などに受け入れられている、どこかに所属している、誰かに愛されているという感覚が得られたときに満たされる。

次いで現れる「承認の欲求」は、他者から価値ある存在と認められ、尊重されたいという欲求である。そして、最も高次な欲求である「自己実現の欲求」は、自分の存在に意味を見いだし、ありのままに生きるという欲求である。

人生のなかで直面する重大な喪失は、これらの欲求の充足を脅かすものである。たとえば、災害で家や財産を失うことは、一時的に、「生理的欲求」や「安全の欲求」が満たされなくなることである。定年退職の場合には、「所属と愛の欲求」「承認の欲求」の欲求満足度が大きく低下してしまうかもしれない。もちろん人の持つ欲求はいつも充足されているわけではないが、重大な喪失によって状況は悪化し、欲求がより満たされていない状態に陥りかねない。こうした欲求を意識することで、自分が何を失いたくないのか、あるいは何を今、必要としているのかを理解しやすくなるだろう。

私たちにとって最も失いたくないものの一つは自分や大切な人の生命であり、死についてはあまり考えたくないという人も多い。死を意味する言葉には、長い睡眠を意味する「永眠」、魂が天に昇っていく「昇天」、別の世界に行く「他界」など、さまざまな間接的な表現がある。このように「死」という直接的な表現を避けるのは、死を忌避する意識の表れであるといわれる。

第一生命経済研究所の小谷みどり氏は、２０１３年に50代、60代、70代の男女６００人を対象に、自分の「死の恐れ」に関する調査を行っている。その調査報告書によると、自分が死ぬことが恐いと回答した人の割合は若い年代ほど高く、50代が68・８％、60代が55・３％、70代が43・３％であった。そして、世代や性別を問わず、「病気が悪化するにつれ、痛みや苦しみがあるのではないかということ」と「自分が死ぬと、自分はどうなるのか、どこへ行くのかということ」という二つの不安が、特に「死の恐れ」につながっていることが示された。これらは、死に至る過程への不安と、死後の行方についての不安であるといえる。死を前にした苦痛の軽減については、広がりつつある緩和医療の充実が期待される。それに対して、死後の行方の問題はやや置き去りにされてきたように思われる。

倫理学者の大町公氏は、２０００年代に入った頃の「千の風になって」のブームに関する論考のなかで、「戦後の日本に『死後の物語』はなかった。人は死んだらどうなるのか誰からも教わってこなかった」と指摘している。高度経済成長期の時代、宗教の影響力が弱まったことや、平均寿命が著しく延びて若い頃に死を経験する人が少なくなったことなどを背景に、死は語られなくなり、死生観は空洞化していったという。

死後の物語の不在は、亡き人の行方をあいまいにし、その死を受け入れることを困難にしかねない。死後の物語を持たない戦後の世代が死の現実に直面しつつある今、みずからの死や大切な人の死を受け入れることが、かつてないほどに難しくなってきているのかもしれない。

失うことを意識する

「ハナニアラシノタトヘモアルゾ、『サヨナラ』ダケガ人生ダ」という有名なフレーズは、晩唐の詩人、于武陵《うぶりよう》の「勧酒《かんしゅ》」にある「花発多風雨　人生足別離（花発《ひら》けば風雨多く　人生別離足《おお》し）」を、作家の井伏鱒二が訳したものである。この詩は人生には別れがつきものであるという厳然たる事実を私たちに突きつけることを通して、目の前にある出会いや、ともにいる時間の大切さをしみじみと訴えかける。

喪失を意識することで、今の生き方も変わるかもしれない。

ドイツの哲学者マルティン・ハイデガーは、人間を「死への存在」として捉え、死という有限性を自覚したとき、人は限られた時間を有意義に過ごすことができると論じている。貴重な人生の時間を充実させるためには、死から逃避するのではなく、死の可能性に対してつねに開かれ、みずからの死を意識することが大切であるとされる。一方で、「人はいつかはきっと死ぬ。しかし当分は自分の番ではない」というように、日常的な世界ではみずからの死は隠蔽されているとも指摘している。死を自分の外で起こる出来事として捉え、また他の人々の身の上に起こる出来事と解釈することによって、みずからの死の可能性を隠蔽しているという。

私たちの日常生活を振り返ったとき、他者の死に関する情報に接する機会は多いが、自分自身の死を強く意識することは少ないかもしれない。身近な人の介護や看取り、同世代の人の死などに直面すれば、みずからの死を意識せざるをえないが、比較的若い世代ではそのような機会は多くはない。

自分の死はもっとも重大な喪失体験といえるが、人生においては、大切な人との別れをはじめ、みずからの死に匹敵するほどの大きな喪失にも直面する。こうした喪失は、自分という人間の一部が失われてしまったようにも感じる体験であり、上智大学名誉教授のアルフォンス・デーケン氏が表現したように自分自身の「小さな死」ともよべる体験である。日常生活では、自身の死だけでなく、「小さな死」の可能性についても隠蔽される傾向にある。ハイデガーの言葉に倣えば、たとえば「夫婦であれば、いずれはどちらかが先に死ぬ。しかし当分は自分たちの番ではない」とついつい考えてしまっているかもしれない。

喪失のなかには、身近な人との死別や、自分自身の病気や老化など、いずれ経験する可能性が高いものもあれば、災害で家や財産を失ったり、事故や病気で身体に障害を負ったりすることなど、誰もが経験するわけではない出来事もある。さりとて、いずれの喪失も誰もが直面する可能性を持っている。そのことを理解していたとしても、自分ではなく、他者が経験する出来事と捉え、みずからが経験する可能性については目をそむけがちである。こうした喪失の可能性を自分の問題として意識することは、失われていないものを慈しみ、今の時間を大切にすることにつながるであろう。

中高年世代を中心とした終活ブームのなか、死に向き合う一つのきっかけとして、実際に棺桶に入る「入棺体験」が注目されている。私は何度か体験したが、初めてのときは、おそるおそる棺に足を踏み入れた。そして蓋を閉められると、かなり不安になったことを覚えている。真っ暗闇の空間のなかで、みずからの死や家族の死のことを自然と考えていたように思う。

「入棺体験」は、死とはまだ縁遠い若い世代にとっても、死について考える貴重な機会になると思われる。そこで私のゼミでは、大学のオープンキャンパスのイベントとして、「入棺体験」を企画し、来場した高校生たちに３分間の入棺を体験してもらった。この「入棺体験」は任意参加の体験イベントであり、教育活動の一環として実施したものではない。通りすがりの興味本位での参加が大半であったにもかかわらず、アンケートの結果をみると、多くの参加者にとってみずからの死や身近な人の死、命の大切さ、死者の気持ちなどについて考えるきっかけになっていた。

最近では、市民が死について気軽に話し合う「デス・カフェ」とよばれる活動も行われている。入棺体験やデス・カフェはやや特殊な事例ではあるが、世代を問わず、死を自分のこととして意識する機会を折に触れて持つことは、かけがえのない人生を主体的に生きることに結びつくものと期待される。

どのように失いたいのか

人生では思いもよらぬことが起こるが、今の歩みの先に予想される喪失もある。喪失が予想されるのであれば、失わないための対策もできるかもしれない。たとえば長く生きれば誰もが経験する喪失体験である「老化」に関しては、美容や健康の分野を中心に「アンチエイジング」という概念が広まりつつある。和訳すれば、「抗加齢」「抗老化」であり、加齢に伴う老化現象を防ぎ、遅らせることを目的にした「抗加齢医学」は近年急速に進歩してきている。加齢にともなう心身機能の低下を抑え、いわゆる健康寿命が失われないための対策を講じることは、本人にとってはもちろんのこと、家族や社会にとっても有意義である。重大な喪失をあらかじめ予測し、何らかの対策によって回避できることは理想といえるかもしれない。

しかしながら、喪失を先延ばしすることは可能になったとしても、現実には最終的に抗うことができないこともある。老化も日頃の心がけで遅らせることはできたとしても、完全に食い止めることはできない。仕事をまだまだ続けたいと思っても、いつかは仕事から離れなければならないときがおとずれる。そして、最新医療の恩恵を受けたとしても、大切な人の死やみずからの死から逃れることはできない。

したがって、失わないための対策ももちろん大切だが、失うことを前提とした対策も必要である。来たるべき喪失をどのように迎えるのかという課題である。適切な表現ではないかもしれないが、後悔しないよう、うまく失うために、それまでに何ができるのかをあらかじめ考えておくことが大切である。

近年、人生の最終段階における医療や療養、いわゆるエンド・オブ・ライフケアが注目されている。

日本ホスピス・緩和ケア研究振興財団の2018年度の調査報告によると、人生の最終段階で受けたい治療としては、「治療に苦痛が伴うとしても、病気に対する治療（生命をなるべく長くする治療）をより希望する」との回答が10・9％であったのに対して、「生命予後を可能な限り長くするよりも、痛みや苦痛を取り除く治療をより希望する」との回答は58・1％であった。「特に希望はない・分からない」が31・0％であった。

エンド・オブ・ライフケアをより良いものとするためには、こうした患者本人の意思を尊重することが大切であるが、終末期には患者本人がみずからの意思を伝えられない状態になることもある。そのような場合でも患者本人の意向を尊重した医療を行うため、患者と家族、医療者・介護者などが事前に話し合うことが重要であり、その話し合いの過程は「アドバンス・ケア・プランニング（患者の意思決定支援計画）」とよばれている。

アドバンス・ケア・プランニングでは、患者本人の気がかりや意向、病状や予後の理解、治療や療養に関する意向あるいは選好だけでなく、これまでの人生観や価値観、どのような生き方を望むかなどについて話し合われる。

患者の意思は変化しうるため、こうした話し合いはくり返し行われることが重要とされている。英国の著名な医学雑誌に掲載された研究（Detering et al., 2010）では、アドバンス・ケア・プランニングによって、患者の意向がより尊重されたケアが実践され、患者と家族の満足度が向上し、死別後の遺族の不安や抑うつも減少したと報告されている。

厚生労働省が平成29年度に実施した「人生の最終段階における医療に関する意識調査」では、「あなたの死が近い場合に受けたい医療・療養や受けたくない医療・療養について、ご家族等や医療介護関係者とどのくらい話し合ったことがありますか」との設問に対し、「詳しく話し合っている」との回答は2・7％、「一応話し合っている」は36・8％と、話し合っている人は4割に満たない。そもそも人生の最終段階における医療・療養について考えたことがある人も、6割程度にとどまっているのが現状である。

神戸大学大学院教授の木澤義之氏は、健康な人が考えておくべきことは、誰が自分の意思を代弁してくれるのかということと、命の危機にさらされたときに「誰かにそばにいて欲しい」「下の世話にはなりたくない」など自分がこだわりたい点であると述べている（『産経新聞』二〇一八年八月八日付朝刊）。

死に関する話題は縁起でもないとついつい避けられがちであるが、元気なときのほうが深刻にならずに話せるかもしれない。人生の最終段階の医療・療養について、わがこととして関心を持ち、どのような治療やケアを受けたいかだけでなく、自分がどのような人生観や価値観を持っているのかも含めて、身近な人と折に触れて話しておくことが望まれる。

備えは自分のためだけではない

喪失のことなど考えたくないという人もいるだろう。「死ぬときは死ぬときだし、あれこれ考えても仕方がない。成り行きに任せるのがいい」と言われるかもしれない。たしかに先の喪失のことを考えるより、目の前の生活のことを考えるほうが生産的であるようにも思える。しかし、重大な喪失は、自分だけでなく、家族や周囲の人にとっても一大事である。人の世話になりたくないと思っても、自分の亡骸をみずからの手で処理することはできない。来たるべき喪失に備えることは、自分のためだけではない。

超高齢社会・多死社会を迎えつつある日本で、いわゆる「終活」が注目されている。終活は、人生の終わりのための活動の略語であり、２０１２年の新語・流行語大賞のトップ10にも選出されている。終活の意味は、遺言書の作成や、葬儀および墓の準備など多岐にわたる。単身者の場合には、身体が不自由になったときや、認知症などで判断能力が低下したときのための任意後見、葬儀や諸手続きなどを行ってもらうための死後事務委任契約なども検討しておく必要があるだろう。

みずからの死に備えて自分の意思や思いを書き留めておくノート、いわゆる「エンディングノート」もよく知られている。コクヨが２０１０年９月に発売した「エンディングノートもしもの時に役立つノート」は、６年で60万冊も売れたヒット商品となった。

「エンディングノート」に法的効力はないが、自分の履歴や資産情報、親族や友人の連絡先、延命措置や臓器移植についての意思、葬儀や墓についての要望、大切な人へのメッセージなどを記入できる欄が設けられており、それに沿って手軽に書き込むことができるように工夫されている。

このような終活は、自分らしく最期を迎えたい、自分の望む葬儀や供養をして欲しいなど、みずからの希望や意思を示すという意味では、自分自身のための活動である。一方で、終末期や死後に「家族に迷惑をかけたくない」という思いが、しばしば終活の大きな動機となっている。自身の病気や老い、死に備えることは、家族や身近な人のための活動でもある。

２０１１年10月に公開された『エンディングノート』というタイトルの映画がある。是枝裕和氏がプロデュースし、新人監督の砂田麻美氏が手がけたドキュメンタリー作品で、国内外で高い評価を受けている。映画『エンディングノート』の主人公は砂田監督の実父・砂田知昭氏であり、病と向き合い、最後の日まで前向きに生きようとする父と家族の姿が、娘である砂田監督自身の手によって記録されている。

知昭氏は67歳で40年以上勤めた会社を退職したあとに、健康診断でステージ4のがんが発覚し、半年後に亡くなる。知昭氏はがんが発覚してから、死ぬまでにやるべきこととして、「神父を訪ねる」「気合を入れて孫と遊ぶ」「葬式をシミュレーション」「最後の家族旅行」「長男に引き継ぎ」「妻に（初めて）愛してると言う」など10項目の“To Do List”を作成し、それを次々にこなしていく。

迫り来るみずからの死から目を逸らさずに、人生の総括のため、そして家族のために「みずからの死の段取り」を進めていく知昭氏の前向きな姿は、見事というほかない。父親の望みを尊重し、見守り続けた温かな家族の存在も見過ごせない。

私の授業で以前、この映画の上映会を行い、砂田監督に特別講義をしていただいたことがある。砂田監督にとって、父親が死んだことはとても悲しいことだったが、ともに過ごした最後の日々や編集作業を通して、生きることは次の人につなげることだと感じるようになったと話された。父親から命のバトンを渡されたような気がして、それが生きる希望になったという。病気の発覚から死まで、決して長くはなかったが、家族が一体となった濃密な時間を過ごせたことは、知昭氏本人にとっても、残された家族にとっても幸せな人生の終幕であったように思われる。

喪失を意識して学ぶ

人生において喪失を重ねるなかで、人はその経験から多くのことを学んでいく。しかし一方で、喪失そのものを意識して学ぶことも大切である。「死」を考えることは「生」を考えることといわれ、人生で何を失い、どう向き合うのかを考えることは、みずからの人生をどのように生きるのかを問うことでもある。

わが国の学校教育では、これまで「道徳の時間」などで、命や死など喪失に関わる問題が扱われてきた。小学校・中学校の道徳は、２０１５年の学習指導要領の一部改正によって、「特別の教科 道徳」として教科化され、２０１８年度より小学校では検定教科書を用いた授業を全面実施している。道徳教育が求めるものは、人間としてより良く生きるためにみずから考え続ける姿勢であるとされる。「特別の教科 道徳」においても、問題解決や体験的な学習を取り入れるなど個人の主体性が重視されている。学校教育のなかで教科として位置づけられたことで、喪失に関しても多様で効果的な学習が展開されることを期待したい。

一方で、道徳の教科化については、価値観の押しつけになってしまわないかとの懸念もある。本書で扱う喪失の問題も含め、人生で直面するさまざまな出来事をどのように受けとめ、どう向き合い、いかに生きていくかについて、一つの決まった答えがあるわけではない。道徳の授業が、他者の考えや態度を尊重する姿勢を育むとともに、自分なりの生き方を問う機会となることが望まれる。

子どもが喪失について学ぶのは学校のなかだけではない。家庭や地域において、身近な大人からも学習する。子どもは、役割モデルである大人が重大な喪失に対してどのような反応や対応をしているのかを見て学んでいく。死別の場面でいえば、大人の様子を見ながら、亡き人についてどのように話せばいいのか、どのような感情を持っていいのかを学ぶという。

子どもを不安にさせないようにと、大人は自分の感情を見せないようにしがちであるが、子どもにとっては、泣いたり、怒りを感じたり、深く悲しんだりしてもいいということを知ることが重要なのである。大人が感情を隠せば、子どもも素直に感情を表現することを避けるかもしれない。子どもにはともに死を悼み、見本となるような大人が必要なのである。

「いのち教育」に詳しい得丸定子氏は、子どもが死やいのちを学ぶ機会として、一連の葬送儀礼に参加させることを提唱している。単に葬儀に参列し、焼香し、出棺時にお花を添えるという傍観的な立場ではなく、大人とともに何らかの役割を担う立場で子どもを参加させ、可能であれば遺体に触れることをすすめている。冷たく硬くなった遺体を見て触り、死を実感することは、死から切り離された現在において得がたい学びの機会であるといえる。お盆や法事のときに、亡き人や死について積極的に話をすることも大切であろう。

欧米では死に関する教育は、デス・エデュケーション（死の準備教育）とよばれ、1960年代頃から、その必要性が広く認識されている。日本では、アルフォンス・デーケン氏が、1975年に上智大学で「死の哲学」を開講し、その後、1982年に「生と死を考える会」を設立するなど、デス・エデュケーションの実践・普及に貢献した。

デーケン氏は、死の準備教育の目的は、「死を身近な問題として考え、生と死の意義を探求し、自覚を持って自己と他者の死に備えての心構えを習得すること」であると述べている。生と死の教育や学習は、学校教育の場だけでなく、生涯にわたって続くものである。

他方、死を研究テーマとして扱う学問分野は「死生学」とよばれている。死生学を学べる大学はわが国ではまだ少ないが、放送大学では2014年度に「死生学入門」が開講され、2018年度からは「死生学のフィールド」という科目が始まっている。

喪失を語れる社会

重大な喪失に対してどのように向き合うかは、当事者個人や家族の問題だけでなく、社会のありようが問われる問題である。重大な喪失に直面している人にとって、今の社会は、必ずしも生きやすい社会とはいえないかもしれない。

たとえば、がん患者のなかには、がんの手術、薬物療法、放射線治療によって、脱毛、肌や爪の変色などが現れることで、仕事や学校への影響を懸念したり、人との交流を絶ってしまったりする人がいるという。

若年性乳がん患者の40代女性は、新聞の投書欄で次のように述べている（朝日新聞、２０１８年４月１日朝刊）。

「がん患者が一番つらいのは体調はもちろん、外の世界につながる恐怖、不安感です。『私は普通の人と違う。出歩かずおとなしくしていよう』と病院と家の往復が精一杯になりがちです。普段通りに生活できるよう、手助けをしてくれる存在が必要です」

この女性を支援した国立がん研究センター中央病院のアピアランス支援センター長の野澤桂子氏は、「がん患者だからと特別視するのではなく、誰もが自然な振る舞いをして欲しい。最終的な目標は『がんを隠さない社会』」と語っている（朝日新聞、２０１８年3月14日朝刊）。

現代社会は、人間が自然を支配し、コントロールすることを目指して発展を遂げ、私たちに多くの恩恵を与えてきた。新たに得たものや可能になったことは数え切れず、私たちの暮らしは便利で豊かになってきた。一方で、人生の歩みにおいて、喪失の現実は変わらずにあり、重大な喪失に直面している人たちも多い。「何かを得ること」「失わないこと」が重視されがちな社会のなかで、ともすれば「失うこと」は置き去りにされてきたように思われる。

夫の死から1年が過ぎた頃、ある60代の女性が、以前は夫と出かけた梅林に初めてひとりで行ったとき、自分と同じくらいの年齢で、自分と同じようにひとりで来ている人が結構たくさんいることに、はたと気づいたという。自分が当事者になったことで、「今まで見えていなかった世界」が見えてきたと話されていた。

私たちは、大切なものを失うという現実を頭ではわかっていても、その事実を意識的あるいは無意識的に避けがちである。喪失の現実を直視することは、みずからの将来に対する不安や恐れを少なからず喚起する。喪失を意識させるものを回避することは、そうした不安や恐れへの対処行動の一つであると考えられる。

しかし、このような対処は、将来の問題を先送りにし、不安や恐れを蓄積させるとともに、喪失に備える機会を奪い、実際の喪失に向き合うことを困難にしかねない。また、こうした回避的な態度が、喪失にともなう悲嘆を抱えた人々を遠ざけ、彼らを社会のなかで孤立させてしまうことにもつながるであろう。

超高齢社会・多死社会を迎える現在、何かを得ることよりも、何をどのように失うのか、手放していくのかが今まで以上に問われている。重大な喪失は決して他人事ではなく、誰もが経験するものである。何かを得ることと何かを失うことは表裏一体であり、人生のさまざまな岐路において獲得したものもあれば、喪失したものもある。自分が望む生活や人生を送るために何を得て、何を守るのかということももちろん大切であるが、何が失われるのかをしっかり認識し、失うことにどう向き合うのかも人生の大きな課題である。自然を支配するのではなく、自然と調和し、いかに共存していくのかという課題と同様に、抗えない喪失と折り合いをつけながら、いかに生きるのかを考えていかなくてはならない。

重大な喪失の可能性を一人ひとりがどう受けとめ、どう引き受けるかに応じて、社会のありようも変わってくるのではないだろうか。まずは、病気や障害、大切な人との死別、みずからの死など重大な喪失を特別視せず、当事者もそうでない人も気負うことなく、自由に語れる社会を目指すところから始めたい。

第6章　自分の喪失を振り返る

未完了の仕事

過去の喪失体験を意識的に振り返ることは、過去にとらわれることとは違う。過去を振り返ることを避けることは、過去へのとらわれからの見せかけの解放に過ぎず、むしろ意識しないままに、過去の体験に縛られているかもしれない。

直面した重大な喪失に対して、そのときにすべてを受けとめられるとは限らない。部分的にしか解決されていない喪失体験は「未完了の仕事（unfinished business）」ともよばれ、何らかのきっかけで強い悲嘆として現れることもある。

新聞の投書欄に、60代女性が経験した88歳の認知症の母に関する次のような体験が掲載されていた（朝日新聞２０１０年5月2日付朝刊）。

先日、22年前に36歳で亡くなった弟のことを急に聞いてきた。私がつい正直に答えると、「修二が死んだはずはない」と烈火のごとく怒り出した。慌てて言い直したが、怒りはすぐには収まらなかった。弟が突然亡くなった日、母は取り乱すこともなく、通夜と葬式を淡々とこなし、憔悴しきった父を気遣う余裕すら見せていた。老後も３人の孫の成長を見守り、趣味や旅行を楽しんでいた。だから、母の怒りには正直戸惑った。今まで、我が子を亡くした悲しみを、ひとり胸の奥底にしまい込んでいたことに気づき、寄り添ってあげられなかったことを悔やんだ。

社会心理学者のジョン・H・ハーヴェイは、重大な喪失が及ぼす影響は累積的であり、新たに生じた喪失の影響だけでなく、過去の喪失によっても影響を受けると述べている。過去の未解決の喪失体験は、複雑性悲嘆の危険因子の一つにも挙げられている。

過去の喪失体験を振り返り、その体験に向き合うことは、過去と折り合いをつけながら、今をより良く生きることに通ずる。喪失が本人にとって重大なものである場合や体験から時間が経っていない場合には、振り返りの作業は平坦な道のりではなく、苦痛をともなう困難な歩みとなるかもしれない。

喪失を体験した人をサポートする支援者にとっても、自分の喪失体験を振り返ることは大切である。みずからの過去の喪失体験に向き合うことができていなければ、当事者に関わるなかで、相手の話に感情が大きく揺さぶられ、適切な支援を提供することが難しくなることもある。みずからの体験を自覚することで、相手の感情に巻き込まれることなく、その人の気持ちに寄り添うことができるであろう。

過去の喪失体験を振り返ることは、みずからの価値観を再確認することでもある。支援の場面に限らず、対人関係全般において、自分とは異なる価値観を持った他者とどうつきあっていくかがしばしば問われる。そうした他者を否定して排除するのではなく、理解し、受容するためには、自分がどのような価値観を持っているのか、どのような場合に何を感じ、どんな行動をするのかを客観的に意識できること、いわゆる「自己覚知」が前提として求められる。

自分の過去の喪失体験を振り返ることは、容易な作業ではない。単に出来事を思い出すだけでは振り返ったとはいえない。過去の喪失体験を系統立てて振り返るとともに、将来に起こりうる喪失について考えるためのガイドとして、ここでは喪失に関する10の質問を用意した。その内容の一部は、グリーフ・カウンセラーであり、現在は京都産業大学学生相談室に所属する米虫圭子氏から教示していただいたものを改編した。

問いを考えるにあたって

喪失に関する10の問いは、私たちが自分自身の喪失体験を再確認するとともに、これからの生き方を見つめなおすためのものである。このワークは本来、誰かに強制されて行うものではない。みずからが主体となって、自発的に行う姿勢が望まれる。

ここで提示する10の問いには、これが正しいという一つの模範解答があるわけではない。みずからの気持ちや考え、行動などを素直に思い返してもらいたい。一つの答えを出すことが目的ではなく、投げかけられた問いに対して、自分のこれまでの体験を振り返り、過去の自分と対話する過程そのものが重要である。体験を言語化し、気持ちを整理するという意味では、書き留めることが望ましいが、まずは頭のなかだけで考えてみるということでもかまわない。

問いへの答えは人に開示することを必ずしも前提とはしていない。他人には知られたくない体験や秘めたる思いもあるかもしれない。他の人の目を気にせずに、望ましい答えや望ましくない答えなどと価値判断をすることなく、今の自分の率直な答えを大切にして欲しい。

このワークは自分ひとりで行うことを想定しているが、信頼できる人と一緒に行うことを否定しているわけではない。誰かと一緒のほうが心強く、考えやすいという人もいるだろう。

問いのなかには、人によっては答えるのが難しいと感じたり、抵抗感を抱いたりするものもあるかもしれない。10の問いは順番に並べているが、必ずしも順序通りに考えなくていい。

答えやすい問いから取り組んでもらって問題はない。気持ちの面でしんどさを感じるときは、あせって取り組む必要もない。また、考えている際に、当時の記憶が蘇るなどして精神的な苦しさを強く感じた場合は、くれぐれも無理をせず、一旦中断してもらいたい。自分の気持ちと相談しながら、心の状態に応じた時期やペースで進めていくことが望まれる。

なお、このワークは苦痛や症状の改善など、治療を目的としたものではない。重大な喪失から1年が経っていない人には推奨しない。特に、自身が経験した喪失によって、精神的な苦痛や、不眠、食欲不振などの身体症状がある場合には、喪失の経験時期にかかわらず行うべきではなく、まずはメンタルヘルスの専門機関を受診することが望ましい。

喪失体験に関する10の問い

1　あなたは人生のなかで、これまでどのような大切なものを失ってきましたか?

幼少期から現在まで、年代順に振り返ってみてください。

これまでに経験した喪失には、人間関係、環境、物質、心理面など、どのような種類の喪失が多かったでしょうか。

2

あなたにとって、喪失の影響が特に大きかったのは、どの喪失体験でしたか？

過去の喪失体験のなかで、大きな影響があったと思う喪失を一つ以上考えてみてください。

その体験は、何歳の頃のどのような体験だったのでしょうか。

3

重大な喪失体験は、あなたにどのような影響を及ぼしましたか？

たとえば、体調、感情、家族関係、友人関係、経済状況、ライフスタイル、役割・責任、将来の展望、信仰など、さまざまな方面について考えてみてください。

喪失の影響が特に大きかったのは、どの方面への影響でしたか。

4

重大な喪失体験の影響の種類や強さは、時間の経過とともにどのように変化しましたか？

それぞれの方面について考えてみてください。

変化した、あるいは変化しなかったのはどのような方面ですか。

5 あなたはこれまでの重大な喪失体験についてどのように対応してきましたか？ たとえば、ひとりで耐える、誰かに頼る、考えないようにするなど、具体的な対応の仕方について考えてみてください。今までの経験から、自分の対応のパターンがわかりますか。

6 失った対象があなたに与えてくれたものは何ですか？ 物質的なものだけでなく、考え方や価値観など、その対象からあなたが得たものや、受け継いだもののすべてを考えてみてください。与えてくれたものはいいものばかりとは限りませんが、なるべくいいものが多くなるように意識してください。どのような種類のものが多かったですか。形のあるものでしょうか、ないものでしょうか。

7 重大な喪失体験を通じて、得たことや学んだことはありますか？ もしあるのであれば、得たことや学んだことについて具体的に考えてみてください。何歳の頃のどのような喪失体験から、何を得たり、学んだりしましたか。

8

いつかは失うかもしれないけど、今はまだあなたが失っていないものは何ですか？

今は失っていないが、失う可能性のあるものについて考えてみてください。

それらはいくつくらいあるでしょうか。

どのような類いのものが多かったですか。形のあるものでしょうか、ないものでしょうか。

9

あなたが今、絶対に失いたくないものは何ですか？

現在あるもののうち、失いたくないものに優先順位をつけてみてください。

上位として挙げたのは、どのような種類のものが多かったですか。形のあるものでしょうか、ないものでしょうか。

10

将来、大切な何かを失うことを見据えて、あなたが今できることは何ですか？

自分にとってどのような喪失体験になるのかを想像して、それに対して今からできることを具体的に考えてみてください。

ワーク全体を振り返って

喪失に関する10の問いを考えるワークを終えてみて、どのような感想を持たれただろうか。自分の喪失について考えるのは簡単だっただろうか。それとも難しかっただろうか。すぐに答えられた問いがある一方で、かなり悩まされた問いもあったかもしれない。

自分のことは自分がよく知っていると思っていた人でも、いざ振り返るとなると、思い出すのが難しく感じたかもしれない。言葉でどう表現していいかわからないと感じた人もいるだろう。久しぶりに思い出すことがあって、懐かしさや寂しさをおぼえた人もいるかもしれない。

じっくり考えるうちに、認識していなかった過去の喪失や思いもよらぬ影響など、意外な気づきを得た人もいるだろう。

重大な喪失はしばしば人生の大きな転機となり、その後の人生に多大な影響を及ぼしていることも少なくない。誰であっても、過去のさまざまな喪失の体験を通して、程度の差はあれ、今の自分が形作られているのである。

私が担当する「グリーフケア論」という授業でも、みずからの喪失体験を振り返るワークを部分的に行っている。大人数の講義科目であり、多様な背景を持つ受講生への心理的影響に配慮しながら、ワークの一端を体験してもらっている。無理のない範囲で行うように念を押しているが、限られた時間のなかで、深く考えをめぐらす受講生も少なくない。

受講生の感想を一部改変して紹介する。

「今でも当時のことを思い出すだけでも嫌な気持ちになるし、思い出したくない出来事だけど、その経験があって、今このような生き方をしていると感じた。当時はマイナスに感じていたことも、時が経つにつれ、そして自分自身が向き合えるようになるにつれて、マイナスがプラスに変わってきたように思う。過去の喪失経験は、私の強みであると考えている」

「喪失を経験して、どうして自分だけこんな目に遭わないといけないのかと感じたり、家族やまわりの人を傷つけてしまったりした。一方で、当たり前のことにとても感謝ができるようになったり、まわりの人のやさしさを感じたりと、良かったと思うこともたくさんあった。失ったものは大きいけど、大切なものも得ることができたのではないかと気づいた」

「これまで喪失を経験したときには、ひとりで解決していることが多いと思っていた。しかし、じっくり思い返してみると、まわりの助けがあり、乗り越えられたことが多いことに気づいた。時間が解決してくれる問題もあれば、そうでない問題もあることがわかった」
「喪失を経験した当時、どうにも涙が止まらず、自分は弱いと感じていた。でも、今考えると、自分なりに必死で向き合おうとしていたのだと思う。私自身を認めてあげてもいいのだと気づいた」

こうしたワークを通して、普段はあまり思い出すことのない過去の体験や、無意識に遠ざけていた記憶や思いを呼び起こすことは、心に大きな負荷をかけることになりかねない。つらさや息苦しさ、不安などを少なからず感じた人もいるかもしれない。そのような場合には、安心できる人と一緒に過ごす時間や、趣味を楽しむ機会を持つなどして、少し心を休めてもらいたい。

他の人にもワークをしてもらい、その体験を共有してみるのもいい。同じような喪失体験であっても、その影響や対応方法が大きく異なることも多い。ワーク体験を共有することを通して、みずからの喪失に関する新たな発見や生き方のヒントを得ることができることもあるだろう。また、時間を空けて再びワークを行えば、今とは違う気づきや気持ちの変化があるかもしれない。

　このワークは、人によって程度の差はあるにせよ、これまでのみずからの喪失体験と折り合いをつけることや、自分という人間を再確認することにつながると期待される。過去の喪失を振り返ることは、ときにつらい作業であり、強要されるべきものではないが、決して後ろ向きの行為ではない。根源的な体験と向き合うことは、今の時間を大切にし、これからの人生を心豊かに生きていくための糧になるものと信じている。

おわりに

平成ロス

「平成」が終わりを迎え、日本人にとって一つの時代が失われた。まさに「平成ロス」である。本書でくり返し述べてきたように、喪失をどう感じ、どのように受けとめるのかは人によって異なるが、「平成」が終わることに一抹の寂しさを感じたのは私だけではないはずである。

「平成」という時代の終わりは、「令和」という時代の始まりでもある。新しい時代に入り、「平成」が徐々に離れてゆき、「昭和」がいっそう遠くになったようで、懐かしくも感じられる。こうした去りゆく時代への寂しさや懐かしさは、私たちが無自覚にいだいていた時代に対する愛着の表れであるといえるだろう。「平成」が失われたことで、「平成」の時代の良さがあらためて見えてくるかもしれない。

元号が変わったからといって自分が大きく変わるわけではないが、人生の一つの節目のようにさえ思える。「平成」になってから30年余りという月日の移ろいの速さに愕然としつつ、その間の私自身の人生の歩みを振り返ると、職を得て、家庭を持つなど得たものが多くある一方で、失ったものも少なくない。数年経った今でも、ふと思い返せば故人の面影がありありと脳裏に浮かび、悲しみや後悔が蘇ってくる別れも一度ならず経験した。

人生は失うことばかりであり、ときに受け入れがたい喪失もあるが、それでも人生を豊かに生きることはできると信じたい。喪失の経験を通じて、生かされていることへの感謝や、人とのつながりの大切さを強く感じさせられることもある。失うことのつらさを知る人は、今あるものの大事さをしみじみと感じられる人でもあろう。とはいえ、日々の生活のなかでは、そうした意識も埋没しがちであり、多くの人にとって喪失はあまり考えたくない話題であるのも事実である。

本書は、人生で経験される重大な喪失をことさらに強調し、不安を煽ることを意図するものではない。重大な喪失は人生の一部であり、それを前提としたうえで、喪失にいかに向き合うべきかを論じてきたつもりである。重大な喪失を経験したからといって、その人の人生が不幸であるわけではない。自分でしか見つけられない自分なりの幸せがきっとあるはずである。本書を通じて、それに近づく糸口が見つかることを心より願っている。

最後に、本書の執筆にあたっては、京都産業大学学生相談室の米虫圭子氏と、「小さないのち」代表の坂下裕子氏に資料の提供と、原稿の校閲をしていただいた。この場を借りて、心より御礼を申し上げたい。また、本書の刊行のきっかけを与えてくださり、遅々として進まぬ原稿を粘り強く待っていただいた光文社新書の古川遊也氏にも深く感謝したい。

２０１９年５月

坂口幸弘

主要参考文献

坂口幸弘『悲嘆学入門―死別の悲しみを学ぶ』昭和堂 二〇一〇
坂口幸弘『死別の悲しみに向き合う―グリーフケアとは何か』講談社現代新書 二〇一二
古内耕太郎 坂口幸弘『グリーフケア―見送る人の悲しみを癒す～「ひだまりの会」の軌跡』毎日新聞社 二〇一一
松井 豊『恋ごころの科学』サイエンス社 一九九三
近藤まゆみ「乳がんによる乳房を喪失した人へのケア」寺﨑明美編『対象喪失の看護―実践の科学と心の癒し』中央法規出版 二〇一〇
日本老年行動科学会監修 大川一郎他編『高齢者のこころとからだ事典』中央法規出版 二〇一四
ジョン・H・ハーヴェイ 安藤清志監訳『悲しみに言葉を―喪失とトラウマの心理学』誠信書房 二〇〇二
ジョン・H・ハーヴェイ 和田実・増田匡裕編訳『喪失体験とトラウマ』北大路書房 二〇〇三
共同通信社社会部編『わが子よ―出生前診断、生殖医療、生みの親・育ての親』現代書館 二〇一四
小此木啓吾『対象喪失―悲しむということ』中公新書 一九七九
岸本英夫『死を見つめる心―ガンとたたかった十年間』講談社文庫 一九七三
柏木惠子編著『よくわかる家庭心理学』ミネルヴァ書房 二〇一〇

ポーリン・ボス　中島聡美・石井千賀子監訳　『あいまいな喪失とトラウマからの回復―家族とコミュニティのレジリエンス』　誠信書房　二〇一五
森　省二『子どもの悲しみの世界―対象喪失という病理』　ちくま学芸文庫　一九九五
得丸定子編著　『「いのち教育」をひもとく―日本と世界』　現代図書　二〇〇八
加藤　寛　最相葉月『心のケア―阪神・淡路大震災から東北へ』　講談社現代新書　二〇一一
ジョン・ボウルビィ　黒田実郎他訳　『母子関係の理論　Ⅲ 対象喪失』　岩崎学術出版社　一九九一
米国精神医学会　『DSM-5 精神疾患の診断・統計マニュアル』　高橋三郎・大野　裕監訳　医学書院　二〇一四
Harvey M.Chochinov　William Breitbart　内富庸介監訳　『緩和医療における精神医学ハンドブック』　星和書店　二〇〇二
コリン・M・パークス　桑原治雄・三野善央訳　『死別―遺された人たちを支えるために』　メディカ出版　二〇〇二
ジョージ・A・ボナーノ　高橋祥友監訳　『リジリエンス―喪失と悲嘆についての新たな視点』　金剛出版　二〇一三
リンダ・エスピー　下稲葉かおり訳　『私たちの先生は子どもたち！―子どもの悲嘆をサポートする本』　青海社　二〇〇五
デイビッド・W・キセイン　シドニー・ブロック　青木聡・新井信子訳　『家族指向グリーフセラピー―が

ん患者の家族をサポートする緩和ケア』　コスモス・ライブラリー　二〇〇四
松濤弘道『最新世界の葬祭事典』　雄山閣出版　二〇〇〇
Lawrence G. Calhoun　Richard G. Tedeschi　宅 香菜子・清水 研監訳『心的外傷後成長ハンドブック―耐え難い体験が人の心にもたらすもの』　医学書院　二〇一四
山本 力『喪失と悲嘆の心理臨床学―様態モデルとモーニングワーク』　誠信書房　二〇一四
垣添忠生『妻を看取る日―国立がんセンター名誉総長の喪失と再生の記録』　新潮社　二〇〇九
川本三郎『そして、人生はつづく』　平凡社　二〇一三
日野原重明『生きていくあなたへ―105歳 どうしても遺したかった言葉』　幻冬舎　二〇一七
伊藤正哉　樫村正美　堀越 勝『こころを癒すノート―トラウマの認知処理療法自習帳』　創元社　二〇一二
相川 充『愛する人の死、そして癒されるまで―妻に先立たれた心理学者の〝悲嘆〟と〝癒し〟』　大和出版　二〇〇三
遠藤周作『人生には何ひとつ無駄なものはない』　朝日文庫　二〇〇五
福島 智『ぼくの命は言葉とともにある―9歳で失明 18歳で聴力も失ったぼくが東大教授となり、考えてきたこと』　致知出版社　二〇一五
柏倉秀克『第二版　中途障害者の心理と支援―視覚に障害のある人々を中心に』　久美　二〇一一
ロバート・A・ニーマイアー編　富田拓郎・菊池安希子監訳『喪失と悲嘆の心理療法―構成主義からみた

意味の探究』金剛出版　二〇〇七
宮田加久子『無気力のメカニズム―その予防と克服のために』誠信書房　一九九一
星野富弘『新版　愛、深き淵より。』立風書房　二〇〇〇
ヴィクトール・E・フランクル　霜山徳爾訳『夜と霧―ドイツ強制収容所の体験記録』みすず書房　一九八五
NHK「こころフォト」制作班編『愛する人への手紙』主婦と生活社　二〇一四
神谷美恵子『生きがいについて』みすず書房　二〇〇四
やまだようこ『喪失の語り―生成のライフストーリー』新曜社　二〇〇七
三浦綾子『続　氷点（上・下）』角川文庫　一九八二
鈴木共子『つながれつながれいのち―生きてきた生きていくわたし』青娥書房　二〇一七
大町　公『命の終わり―死と向き合う7つの視点』法律文化社　二〇〇七
轟　孝夫『ハイデガー「存在と時間」入門』講談社現代新書　二〇一七
アルフォンス・デーケン『新版　死とどう向き合うか』NHK出版　二〇一一
ダギーセンター『大切な人を亡くした子どもたちを支える35の方法』梨の木舎　二〇〇五
石丸昌彦　山崎浩司『死生学のフィールド（放送大学教材）』放送大学教育振興会　二〇一八
ロバート・A・ニーメヤー　鈴木剛子訳『「大切なもの」を失ったあなたに―喪失をのりこえるガイド』春秋社　二〇〇六

坂口幸弘（さかぐちゆきひろ）
1973年大阪府生まれ。大阪大学大学院人間科学研究科博士後期課程修了、博士（人間科学）。現在、関西学院大学人間福祉学部人間科学科教授。専門は死生学、悲嘆学。死別後の悲嘆とグリーフケアをテーマに、主に心理学的な観点から研究・教育に携わる一方で、病院や葬儀社、行政などと連携してグリーフケアの実践活動も行っている。主な著書は、『悲嘆学入門』（昭和堂）、『死別の悲しみに向き合う』（講談社現代新書）など。

喪失学《そうしつがく》　「ロス後《ご》」をどう生《い》きるか？

2019年6月30日初版1刷発行

著　者 ―― 坂口幸弘
発行者 ―― 田邉浩司
装　幀 ―― アラン・チャン
印刷所 ―― 萩原印刷
製本所 ―― ナショナル製本
発行所 ―― 株式会社光文社
東京都文京区音羽1-16-6（〒112-8011）
https://www.kobunsha.com/
電　話 ―― 編集部03（5395）8289　書籍販売部03（5395）8116
業務部03（5395）8125
メール ―― sinsyo@kobunsha.com

 ISBN 978-4-334-04419-0

1000
「%」が分からない大学生
日本の数学教育の致命的欠陥
芳沢光雄

いま、「比と割合の問題」を間違える大学生が目に見えて増えている。この問題の本質とは何か。現在の数学教育に危機感を抱いてきた著者が、これからの時代に必要な「学び」を問う。

978-4-334-04407-7

1001
1964東京五輪ユニフォームの謎
消された歴史と太陽の赤
安城寿子

気鋭の服飾史家が、豊富な史料と取材に基づき、闇に葬り去られようとした赤いブレザー誕生の歴史を発掘。また、なぜ歴史は消されかけたのか、詳細に分析する。

978-4-334-04408-4

1002
辛口評論家、星野リゾートに泊まってみた
瀧澤信秋

年間250泊するホテル評論家が、「星のや」「界」「リゾナーレ」22施設を徹底取材。熱狂的ファンを持つ星野リゾートの強さの秘密に迫る。星野佳路代表の2万字インタビューも収録。

978-4-334-04409-1

1003
ルポ 人は科学が苦手
アメリカ「科学不信」の現場から
三井誠

科学大国・アメリカで科学記者が実感したのは、社会に広がる「科学への不信」だった。その背景に何があるのか。先進各国に共通する「科学と社会を巡る不協和音」という課題を描く。

978-4-334-04410-7

1004
「食べること」の進化史
培養肉・昆虫食・3Dフードプリンタ
石川伸一

人類と食の密接なつながりを科学、技術、社会、宗教などの視座から多面的に描く。サルと分かれてヒトが誕生してから「SF食」が実現する未来までの、壮大な物語。

978-4-334-04411-4

1005
人生100年、長すぎるけどどうせなら健康に生きたい。
病気にならない100の方法
藤田紘一郎

「後期高齢者」で「検査嫌い」の名物医師が、医者や薬に頼らずに免疫力を上げる食事と生活習慣を徹底指南。人生100年、死なないのならば生きるしかない、そんな時代の処方箋。

978-4-334-04412-1

1006
ビジネス・フレームワークの落とし穴
山田英夫

SWOT分析から戦略は出ない?!／作り手の意志満載のPPM。／NPVは、なぜ少しだけプラスになるのか？——意思決定が歪む「危うさ」を理解し、フレームワークを正しく使う。

978-4-334-04413-8

1007
「糖質過剰」症候群
あらゆる病に共通する原因
清水泰行

緑内障、アルツハイマー、関節症、がん、皮膚炎、不妊、狭心症…全身を着々と蝕む糖質の恐怖。七千を超える論文を参照しつつ、現代に増え続ける様々な疾患と、糖質過剰摂取との関係を説く。

978-4-334-04414-5

1008
クジラ博士のフィールド戦記
加藤秀弘

シロナガスクジラの回復にはミンククジラを間引け?!——長年、IWC科学委員会に携わってきた著者による鯨類研究の最前線。科学者の視点でIWC脱退問題も解説。

978-4-334-04402-2

1009
世界の危険思想
悪いやつらの頭の中
丸山ゴンザレス

最も危険な場所はどこか？——それは、人の「頭の中」である。「世界各国の恐ろしい考え方」を「クレイジージャーニー」出演中の危険地帯ジャーナリストが体当たり取材！

978-4-334-04415-2

1010
愛する意味
上田紀行

あなたはなぜ、愛の不毛地帯にいるのか――長年、生きる意味を見失った現代社会への提言を続けている文化人類学者による、生きる意味の核心である「愛」に関する熱烈な考察。

978-4-334-04416-9

1011
太陽は地球と人類にどう影響を与えているか
花岡庸一郎

太陽は変化しない退屈な星?――「変わらない存在」として認識されてきた太陽が、いま、「変わる存在」として社会で注目を集めている。豊富な観測データで綴る「太陽物理学」入門。

978-4-334-04417-6

1012
女医問題ぶった斬り!
女性減点入試の真犯人
筒井冨美

医学部人気の過熱で女医率も高まる中、なぜ「女医は要らない」と言われてしまうのか。女医は医療崩壊の元凶か、救世主となるか? フリーランスの麻酔科女医が舌鋒鋭く分析する。

978-4-334-04418-3

1013
喪失学
「ロス後」をどう生きるか?
坂口幸弘

家族やペットとの死別、病、老化……私たちは「心の穴」とともに歩んで行く。死生学、悲嘆ケアの知見、当事者それぞれの向き合い方を学ぶ。過去の喪失から自分を知るワーク付き。

978-4-334-04419-0

1014
「ことば」の平成論
天皇、広告、ITをめぐる私社会学
鈴木洋仁

天皇陛下のおことば、ITと広告をめぐる言説、野球とサッカーが辿った道……。「平成」の形を、同時代に語られた「ことば」を基に探る極私的平成論。本郷和人氏推薦。

978-4-334-04420-6